주식 초보자도
수익을 내는
워런 버핏
투자법

주식 초보자도 수익을 내는 워런 버핏 투자법

망수 · 관펑 지음 | 박지민 옮김

비전코리아

머리맡에 두고 읽어야 할 책

2015년 10월 8일 내가 위챗(WeChat) '10시 주가 예측'에 처음으로 글을 올린 후, 눈 깜짝할 새 5년이 흘렀다. 몇 명에 불과했던 팔로워가 200만 명으로 늘었고, 단기투자에서 시작해 가치투자를 하기까지 나와 팔로워들 모두에게 많은 변화가 있었다. 그 가운데 가장 가치 있는 것을 꼽으라면 단연코 우리를 변화시킨 저자의 가치투자 이념일 것이다. 그의 투자법을 따라 수백만 명이 올바른 투자의 길로 들어섰기 때문이다.

처음에는 나의 단기투자 기술로 계속 손해를 보는 이들의 상황을 개선해주고 싶었다. 3년을 노력했지만, 결과는 허탈했다. 손해는 이익으로 바뀌지 않았고 오히려 단기투자에 빠진 이들의 손해는 더욱 커져만 갔다.

당연한 일이었다. 단기투자의 성공률은 겨우 0.1%에 불과하니까. 반면 가치투자의 성공률은 99%에 달한다. 이렇게 확률상 엄청난 차이가 나는 만큼 가치투자는 수많은 이들의 삶을 바꿀 수 있고 심지어 수많은 가정의 운명도 바꿀 수 있다.

단기투자와 가치투자는 단순히 성공률의 차이뿐만 아니라 들이는 에너지에서도 엄청난 차이가 있다. 단기투자자는 매일매일 주식 시황판을 들여다보느라 일도 놓치고, 부부관계는 물론 자녀와의 관계도 피폐해진다. 또한 자기 자신도 아주 고통스럽게 생활한다. 반면 장기적 가치를 중시하는 가치투자자는 주가의 단기 변동에 그리 신경 쓰지 않는다. 열심히 공부하고 성실하게 일하며 가족을 아끼고 자녀의 교육을 중시하고 공익에도 관심을 기울인다. 사회에서 동료와 가족들의 인정을 받고 본인도 아주 행복한 생활을 한다. 이것이야말로 인생의 진정한 승리자의 삶이라 할 수 있다.

두 가지 다른 선택은 천당과 지옥의 차이만큼 완전히 다른 결과를 가져왔다.

그 3년은 나 자신에게도 큰 깨우침을 주었다. 그 시간 동안 단기투자자였던 내가 아주 견실한 가치투자자로 성장했다. 저자는 사실 내 기질과 속내는 장기투자주의자이지만 내가 미처 발견하지 못했을 뿐이라고 말했다. 어쩌면 저자가 나의 마음 깊은 곳에 있던 장기

투자주의의 불씨에 불을 댕긴 것인지도 모른다. 나는 장기적 가치의 성장을 중시할 뿐만 아니라 이 올바른 투자 이념을 더 많은 투자자에게 전해서, 그들도 자본의 복리를 누리고 아름다운 생활을 할 수 있길 바란다. 바로 이런 내심의 동력 때문에 이 책이 탄생한 것이다.

맞다. 내가 저자에게 이 책을 쓰라고 밀어붙였다. 물론 저자 역시 평범한 투자자들을 고통의 나락에서 구하고 싶은 바람이 있었을 것이다. 그렇지 않았다면 2015년에 그가 채소 시장 입구에서 팻말을 들고 서 있지는 않았을 것이다. 주식 폭락 전, 시장의 거품이 심각하다고 판단한 그는 아주머니들에게 얼른 주식을 팔라고 충고했다. 2015년 6월 상하이 종합 지수가 돌연 폭락하기 시작해 8월 말까지 주가가 42.6%까지 떨어졌고, 8월 24일에는 하루 만에 733조가 증발하던 상황이었다.

바로 이렇게 뼛속까지 장기(長期)주의자인 우리 둘은 함께하게 되었고, 좋은 화학반응을 일으키며 지난 몇 년간 유익한 일들을 많이 했다. 우리는 사람들이 단기 투기를 멈추고 인덱스펀드에 정기 정액 투자를 하며 가치주를 지켜낼 수 있도록 해서 수많은 가정을 도왔다. 또한 사모펀드도 조성해 우리의 전문 지식으로 많은 가정의 부가 증가하도록 도왔다. 한 팔로워는 우리에게 이렇게 말했다.

"정말로 고통과 절망의 나락에 빠진 우리를 구해주었어요."

주식 시장에서 오랫동안 손해만 보던 사람만이 느낄 수 있는 절절한 감정이 담긴 말이다.

이 책은 어떤 투자 분야에서든 수익을 보고자 하는 모든 이들에게 적합한 책이다. 단순히 주식 시장뿐만 아니라 부동산 또는 사업이나 장사를 하는 이들도 똑같이 활용할 수 있다. 가치투자의 상식을 지키며 실행한다면 손실과 절망에서 벗어날 수 있을 것이다.

저자는 아주 뛰어난 가치투자자이다. 지난 14년 동안 평균 40% +α의 연 소득을 올린 비범한 투자 실적뿐만 아니라 아주 훌륭한 인격의 소유자이다. 뛰어난 인품은 가치투자자가 반드시 지녀야 할 자질이고, 장기적인 성공을 위한 전제조건이다.

이 책을 펼치고 자세히 읽는다면, 당신의 속마음 역시 견고한 장기투자주의자임을 발견하고 크게 공감할 것이다. 이 책의 매 장, 매 단락을 읽다 보면 그 내용은 이미 당신이 너무나 잘 알고 있는 상식일지도 모른다. 하지만 저자의 쉬운 해석과 가벼운 유머가 더해진 만화를 통해 한층 더 깊이 있게 이해하게 될 것이다. 그로 인해 가치투자가 뼛속 깊이 녹아 들어가 마침내 당신의 투자와 생활에 긍정적인 영향을 미칠 것이다.

이 책은 가치투자의 모든 핵심 이념을 전부 다루고 있으니 잘 읽고 소화하며 평생 곁에 두고 보기를 권한다. 읽을 때마다 새로운 지식을 발견할 수 있을 것이다. 또 침대 머리맡에 두고 아무 데나 펼쳐서 읽어도 좋다. 이 책은 당신의 평생 친구가 될 것이다.

이 책은 아주 쉽게 읽힌다. 책을 읽으면서 반드시 그림과 함께 읽기를 권한다. 그러다 보면 가치투자라는 단조롭고 무미건조한 이념을 아주 쉽게 익힐 수 있을 것이다. 현재까지 가치투자와 관련해서 나온 책 중 가장 쉽고 재미있게 읽을 수 있는 책이라고 확신한다.

2020년 12월
망수의 친구, 스덴(十点)

주식 투자의 정답지

내 주변의 많은 전업투자자들을 보면 은둔성향이 강하다. 특히 성공한 투자자들은 그런 성향이 더욱 짙다. 그래서 가치투자자로 살아가는 많은 선후배들이 내게 공통적으로 던지는 질문이 있다.

"블로그며, 유튜브며 그런 활동은 안 하는 게 이득이다. 얼굴이 알려져서 좋을 게 있나?"

그들이 왜 나에게 그런 걱정 어린 조언을 하는지 잘 안다. 그러나 나는 배우고 경험한 것을 사람들과 공유하고 소통하는 것을 좋아한다. 그러다보니 자연스럽게 온라인상에 많이 노출되었다. 투자

는 2005년부터 시자했지만, 소셜 미디어는 훨씬 전부터 해왔으니
사실상 나는 거의 모든 일생을 온라인에 노출하고 살아온 셈이다.
지인들의 충고는 고마웠지만 그것이 내 운명이려니 생각하고 있다.
그동안 가치투자 분야에서 나름대로 이름이 알려져 여러 제안이 많
이 들어온다. 특히 경제경영, 투자 관련 책에 추천사를 써 달라는
제안도 그중 하나다. 감사한 마음으로 제안들을 읽어보지만 추천사
를 써줄 만큼 훌륭한 책을 찾기는 어려웠다. 어쭙잖은 책에 내 이름
석자를 올려 내 이미지를 스스로 깎을 이유는 없지 않은가. 그러나
이 책은 초안을 읽어보고 기꺼이 추천사를 써도 괜찮겠다는 생각이
들었다.

워런 버핏은 공식적으로 출간한 책이 한 권도 없다. 워런 버핏의
가족이 그에 관한 책을 출간한 적은 있으나 그 외 책은 워런 버핏과
상관 없는 사람들이 출간했다. 그 중에서도 그나마 워런 버핏의 철
학이라도 잘 담고 있으면 다행이지만 대부분은 그 이름만 팔아먹고
내용은 별 볼일 없을 때가 많다. 그런 책들 사이에서 이 책은 단연
빛난다.

우선 책을 구성하는 접근법이 매우 탁월하다. 1장은 가장 기본
적이고 중요한 투자 원칙으로 시작해서 마지막 장은 정말 어렵다
는 '위대한 기업'에 대한 이야기로 끝난다. 사실 투자를 배우다 보

면 재무제표 등 숫자를 이해하는 것이 어렵다고들 한다. 내 생각에는 숫자를 넘어서는 정성적인 부분, 나아가 위대한 기업을 찾는 부분이 가장 높은 난이도라고 생각한다. 그래서 이 책의 구성이 훌륭하다는 것이다. 또 재미있는 점은 투자에 막 입문하는 독자는 물론이고, 이미 어느 정도 투자 경력이 있는 독자에게도 가치투자를 공부하는 데 도움이 되는 책이다.

이 책은 워런 버핏이 가지고 있는 철학을 잘 담고 있다. 그러면서도 한편으로는 주식 투자로 경제적 자유를 이룬 저자의 실전적인 조언들이 잘 녹아 있어서 더욱 귀한 책이라고 생각한다. 요즘 파이어족이 유행이라고 한다. 그러나 저자는 파이어가 아니라 아예 경제적 자유를 이루고 젊은 나이에 은퇴한 사람이다. 그리고 그 방법은 사업도, 부동산도 아닌 주식 투자, 그중에서도 가치투자를 통해서였다.

흔히들 가치투자는 너무 느리다고 말한다. 그러나 과연 그럴까? 느려 보이는 것이 어쩌면 가장 빠를지도 모른다. 가치투자는 개인 투자자에게 가장 잘 맞는 투자 방법이다. 하방은 막혀 있고, 상방은 열려 있는 방법론이다.

게다가 50년이 넘는 세월 동안 누적 270만% 이상의 수익률을 올리며 이미 현자의 반열에 오른 워런 버핏과 실제로 버핏의 철학을 그대로 실행해서 30대 초반에 경제적 자유를 이룬 저자가 우리에게 이미 정답지를 보여주고 있지 않은가. 이 책을 꼼꼼히 읽고, 책에 나오는 철학과 방법론을 내 것으로 만든다면 누구나 경제적 자유를 이룰 수 있을 것이다.

2022년 1월 송종식(유튜버 〈재간둥이 송선생〉)

목차

4장 미스터 마켓의 지갑을 이용하라

5장 투자에 실패하는 사람들의 공통점

6장 투자자를 위한 마인드셋

투자의
기본 원칙

1. 주식을 산다 = 기업을 산다

모든 가치투자의 상식에서 가장 중요한 것은 의심의 여지 없이 나음과 같은 조힝이다.

'투자자는 어떤 회사의 주식을 매수해서 보유하고 있는 것을 그 회사 경영 실체의 일부를 가지고 있는 것으로 여겨야 한다.'

그 때문에 주식에 대한 장기투자를 결정할 때 다음과 같이 합리적인 추론을 할 수 있다.

'우리가 추구하는 투자 수익은 주식 시장의 변동에 의한 것이 아니라 그 회사가 미래에 창조할 가치 증가에서 나와야 한다.'

기업이 창조하는 가치의 최종 결과물은 '분배할 수 있는 잉여현금흐름(Free Cash Flow, FCF)'*이다. 주주에 대한 보답은 배당금이나 자사주 매입 같은 형식을 통하든 이윤을 증가시켜 시가를 끌어올리든 뭐든 상관없다.

한 기업의 가치는 평가될 수 있고, 가치를 평가하는 일은 투자자가 해야 할 핵심적인 일이다. "가치투자자는 비즈니스 분석가이지 시장분석가가 아니다"라는 워런 버핏의 말처럼 말이다.

이런 일은 단순히 계산기를 두드려 얻어낼 수 없다는 데 어려움이 있다. 비즈니스 분석 과정에서는 모호한 성질이 정확한 측정값보다 훨씬 더 중요할 때가 있기 때문이다.

이런 종합적인 분석력을 갖추려면 투자자는 그 기업의 비즈니스 모델(Business Model)**, 관리 수준, 경쟁 국면 등을 장기적으로 관찰하고 사고해야 한다. 거기에 인성과 문화의 변화도 파악하고 '능력의 범위(Circle of Competence)' 안에서 오랫동안 경작하고 공을 들여야 한다. 워런 버핏은 투자자 개개인의 능력 범위 안에서 회사를 분석해야 한다고 말한다.

투자자가 충분한 믿음으로 기업의 가치를 알아보고 나름의 대략

---

* 기업이 벌어들인 돈 가운데 세금과 영업비용, 설비투자액 등을 제외하고 남은 현금을 의미한다. 철저히 현금 유입과 유출만 따져 돈이 회사에 얼마 남았는지 설명해주는 개념으로, 투자와 연구개발 등 일상적인 기업 활동을 제외하고 기업이 쓸 수 있는 돈을 말한다.

** 기업의 총체적인 마스터플랜. 어떤 제품이나 서비스를 어떻게 소비자에게 제공하고 어떻게 마케팅하며 어떻게 돈을 벌 것인가 하는 사업계획이나 방식, 아이디어.

적인 평가를 했다면, 투자자는 그 평가의 '무게'라는 결과를 가지고 해당 기업에 대한 시장의 평가와 겨루어야 한다.

만약 투자자가 기업의 미래가치를 현재 시가보다 한참 높다고 판단했다면, 그 기업은 아마도 평가절하된 것이니 '안전마진(Safety Margin)'* 안에 존재한다고 할 수 있다.

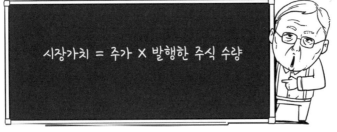

이성적 투자자라면 이 기회에 자신이 이미 주식을 보유한 기업과 저평가된 잠재적 기회를 비교한 다음, 확실성이 가장 높은 기회에 자금을 재배치한다(물론 그것이 반드시 상승 폭이 가장 큰 항목이라고 할 수는 없다).

---

*   벤저민 그레이엄과 워런 버핏이 대중화한 말로 기업의 내재가치보다 낮은 가격에 형성된 주식이 추정한 가치보다 시가가 현저히 낮을 때 그 차이가 안전마진이다. 안전마진 투자는 단번에 높은 수익을 낼 수는 없지만, 손해 볼 위험은 극히 적다. 안전마진을 구하는 공식 중 가장 기본은 매출과 수익이며, 불황기를 포함한 장기간 실적으로 판단해야 한다.

　사실 일반적으로 투자자가 한 기업의 5년 혹은 10년 후의 비즈니스 모델과 경영 관리의 진화를 예측하는 것은 불가능하다. 설사 지금은 저평가된 가격으로 보여도 그것이 미래 전망의 불확실성을 완전히 보완할 수는 없다.

　이는 투자 과정에서 일반적이니 신경 쓰지 말고 계속 다른 좋은 기업을 찾으면 된다. 배우고 연구하는 과정에서 얻은 지식은 복리를 가져오고 미래에 뜻밖의 기쁨을 만나게 해준다. 연구하는 과정 자체의 즐거움을 누릴 수 있느냐도 투자자와 투기자를 가르는 주요한 차이 중 하나이다.

　만약 지속적인 경쟁 우위가 있음이 확실한 기업이지만 지금 현재의 가치 평가, 즉 밸류에이션(Valuation)이 높게 평가되어 있어 주식을 매수하기가 적합하지 않다면, 투자자는 기업의 발전 추이를 계속 지켜보며 정기적으로 밸류에이션의 변화를 점검해야 한다. 좋은 기업은 정말 소수여서 더 큰 인내심을 가져야만 시장의 미래 변동에서 기회를 움켜잡을 수 있기 때문이다.

기업 간의 치열한 경쟁은 모든 비즈니스 모델을 늦든 빠르든 언젠가는 무너뜨리고 막을 내리게 한다. 그리고 특별한 경쟁력이 없다면 화려한 벚꽃처럼 나타난 우량주조차도 금세 사라지고 만다. 빠르게 변화하는 비즈니스 경쟁의 세상에서 투자자가 자본을 보호하고 손실을 막는 것은 결코 쉬운 일이 아니다.

한 기업의 주식을 20년간 보유하려면 5년 뒤에 그 기업의 제품이 시대에 뒤떨어지지 않기를 바라야겠지요.

향후 좋은 기업이 될 가능성이 있다면 투자자에게는 행운의 선택임은 물론 시대가 주는 선물이라고도 할 수 있다.

찰리 멍거와 워런 버핏이 이끄는 투자회사 버크셔 해서웨이(Berkshire Hathaway Inc.)는 장기적으로 뛰어난 비즈니스와 기업이 벌어들이는 수익의 복리 효과를 누리는 것으로 명성이 높다. 버크셔 해서웨이가 투자한 대다수 기업은 50년이 넘는 세월 동안 계속 같은 제품과 서비스를 제공하고 있고, 100년이 넘는 역사를 가진 기업도 있다.

리글리(Wrigley)껌   버드와이저   크래프트하인즈

Key Point

주식은 기업 자산의 일부이자 기업이 미래에 벌어들이는 이윤을 분배받을 권리에 대한 증명서이다. 만약 주식을 10년간 보유한다면 좋은 비즈니스와 기업은 상당한 부와 복리를 가져다준다. 반면 나쁜 기업은 앞으로 무한한 고통을 가져오고 감당하기 힘든 기회비용을 치르게 한다.

만약 주식을 10년간 가지고 있다면,
좋은 비즈니스와 좋은 기업은
우리에게 복리를 안겨주고

나쁜 기업은 앞으로
무한한 고통을 가져온다.

'주식을 산다 = 기업을 산다', 이것이 바로 투자 여정의 시작점이다!
시작점이 올바르면 갈 길이 멀어도 결국에는 도달하지만, 시작점이 잘못되면 성실하게 갈수록 점점 더 바른길에서 멀어진다.
주식을 사는 것이 기업을 사는 것이라는 신념을 가진 투자자는 주식 시장의 경쟁에서 우위를 선점할 수 있다.

주식을 사는 것은 기업을 사는 것이다. 기업을 사는 것은 곧 그 회사가 미래에 벌어들일 현금흐름을 할인*하여 사는 것이다. 미래는 얼마나 길까? 바로 기업의 전체 생명주기를 말한다.

— 돤융핑(段永平), 부부가오그룹 회장

내재가치는 아주 중요한 개념으로 투자와 기업을 평가하는 데 유일한 논리적 수단을 제공한다. 내재가치의 정의는 아주 간단하다. 그것은 한 기업이 앞으로 남은 기간 창출할 수 있는 현금흐름을 적절한 금리로 할인한 현재가치이다.

— 워런 버핏

이성적인 투자자는 단 한 가지만 잘하면 된다. 주식을 살 때 기업을 산다는 마음으로 임하는 것이다. 5년 동안 주가를 확인하지 않아도 전혀 상관없다. 농장이나 아파트, 맥도널드 가맹점의 시세를 매일 확인하는 사람은 없다. 주식을 기업으로 생각하면서 그 기업의 실적에 관심을 기울여라. 주식을 사는 것은 바로 회사를 사는 것이다. 그 회사가 어떤 상황이고, 얼마에 사는 것이 적당한지 그 회사를 사는 것처럼 철저히 연구해야 한다.

— 워런 버핏

*　　현금흐름할인법(Discount Cash Flow, DCF): 기업의 가치를 평가하는 방법의 하나로, 미래 영업 활동을 통해 기대되는 순 현금흐름을 할인하여 기업가치를 산출한다.

2. 좋은 기업이 아니면 투자하지 않는다

처음 주식을 접한 투자자라면 이것이 지나치게 편협한 관점이 아닌가 하는 의문을 품을 것이다. '좋은 기업이 아니면 투자히지 않는다고? 모든 길은 전부 다 로마로 통해야 맞는 거지!'라는 생각을 할지도 모른다.

가치투자의 시조, 벤저민 그레이엄이 수업에서 '담배꽁초 줍기'식 투자법을 전수하지 않았습니까?

주식 시장에는 우량 기업보다 주가수익비율[Price Earning Ratio, PER[*], 주가순자산비율(Price Book-value Ratio, PBR)][**]이 훨씬 더 낮은 기업이 아주 많다. 솔직히 500원으로 1,000원짜리 주식을 살 수 있다면 그게 훨씬 더 승산 있는 게 아닐까?

자, 우선 논쟁은 잠시 밀쳐두고 다음 장면을 상상해보자.

---

[*]   주가를 주당순이익(EPS)으로 나눈 것. 주당순이익은 당기 순이익을 총주식 수로 나눈 것으로 주식 1주가 벌어들이는 순이익을 말한다. 그래서 주가수익비율은 기업이 벌어들이는 이익에 비례한 현재 기업 가격이라 할 수 있다.

[**]   주가를 주당순자산가치로 나눈 것. 순자산은 이익자본금, 자본금, 자본잉여금을 합한 금액으로 보통 총자산에서 부채를 뺀 금액이다. 주가순자산비율은 현재 주가가 순자산에 비해 주식 시장에서 몇 배로 거래되느냐를 보여주는 지표이다.

당신이 1,000만 원을 투자해 주식을 산다고 가정해보자. 당신에게는 다음의 두 가지 선택지가 있다.

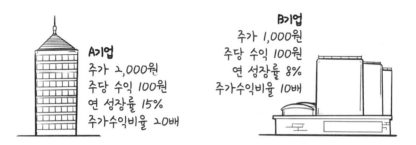

얼핏 보면 A기업보다 B기업이 훨씬 더 수지가 맞아 보인다. 1주마다 똑같이 100원의 수익이 있지만 B기업의 주가가 훨씬 싸서 같은 돈으로 A기업 주식보다 2배를 더 살 수 있기 때문이다.

A 5,000주   B 10,000주

어느새 10년이 흘렀다. A, B 두 기업의 업무 내용도 같고, 주식 시장에서도 원래의 가치를 유지하고 있다. 현재 A기업에 투자했던 1,000만 원은 4,050만 원이 되었고, 훨씬 더 쌌던 B기업에 투자한 1,000만 원은 2,190만 원이 되는 데 그쳤다. 그 이유는 어렵지 않게 알 수 있나. 만약 다시 10년이 더 지난다면 어떻게 될까?

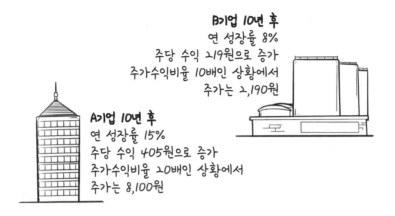

B기업 10년 후
연 성장률 8%
주당 수익 219원으로 증가
주가수익비율 10배인 상황에서
주가는 2,190원

A기업 10년 후
연 성장률 15%
주당 수익 405원으로 증가
주가수익비율 20배인 상황에서
주가는 8,100원

투자자는 '가치 함정(Valuation Trap)*'과 단순한 심리적 측면의 역행을 위한 역행이라는 인지 편차를 주의해야 한다. 시장은 모든 참여자가 투표한 종합 결과이다. 시장이 매기는 자산 가격은 대개의 상황에서 상당히 유효하다. 이 때문에 투자자가 무리해서 시장과 겨루려 한다면 통상적으로 실패할 확률이 아주 높아진다.

투자자는 기업이 저평가된 이유가 시장의 단기성 오류인지 장기적으로 합리적 이유가 존재하는지 반드시 분별해내야 한다. 전자라면 통상적으로 투자 기회를 의미하므로 시간이 시장의 잘못된 가격을 수정해줄 것이다. 그리고 투자자는 평균 이상의 수익률을 얻을

---

*   주가 급락으로 현재는 싼 것처럼 보이지만 미래의 실적 하향을 감안하면 실제로 주가가 싸지는 않은 상태.

가능성이 크다. 하지만 후자라면 가치 함정에 빠진 것이다. 가치는 뒤처지는 비즈니스 모델과 평범한 관리 방식에 따라 계속 소모되고, 시간이 갈수록 블랙홀에 들어선 것처럼 끊임없는 결손과 적자 현상을 일으킨다. 그나마 저평가된 가치마저 금방 사라지고 투자자는 결국 더 깊은 함정에 빠지고 만다.

투자자가 고초를 다 겪고 나서 끝내 살아 나온다 해도 지불한 대가는 재무제표상의 숫자보다 훨씬 크다. 평범한 기업에 시간을 낭비했기 때문이다. 원래는 가질 수 있었던 뛰어난 기업이 성장해 아름다운 꽃을 피우는 모습을 보지 못했고, 좋은 비즈니스를 관찰하며 쌓을 수 있는 복리 지식을 통해 앞으로 평생 투자해나갈 수 있는 가르침도 놓쳤다. 저렴한 가격의 나쁜 비즈니스에 미혹되어 금전과 지식 면에서 얻을 수 있었던 잠재적 수익이 거품이 되고 만 것이다.

아주 뛰어난 투자자에게도 '좋은 기업이 아니면 투자하지 않는다'는 상식을 깨닫는 과정이 필요하다. 워런 버핏 스스로도 수십 년에 걸쳐서 겨우 배웠다고 농담처럼 말했다. 알다시피 젊은 시절 버핏은 그의 스승 벤저민 그레이엄(Benjamin Graham)의 '담배꽁초 줍기(Cigar Butting)' 투자법에서 수많은 영감을 얻어 투자했다.

'담배꽁초 줍기' 투자법이 유효했던 것은 당시 시대 상황 때문이었다. 당시 경제는 대공황 이후 천천히 회복되어가는 중이었다. 하지만 사람들은 주식에 대한 참담한 기억이 골수까지 박혀 있어 주식 자산은 제대로 대접받지 못했다. 주식배당금이 채권보다 훨씬 높았음에도 마찬가지였다. 기업가치는 엄청나게 저평가되어서 아주 단순한 재무제표상의 계산만으로도 대량의 투자 선택지를 찾을 수 있었다. 버핏은 기업가치보다 싼 가격에 주식을 사서 차익을 남기고 매도했다. 이를 두고 한두 모금 빨고 버리는 담배꽁초에 비유해 담배꽁초 투자라고 불렀다.

가치가 평가절하되었을 때 매수하고, 할인가가 사라졌을 때 팔아치우는 것이지요.

　충분한 주식을 사들인 후에 이사회를 열어 기업 경영진을 두드리면 담배꽁초의 가치는 금방 오르니 장기투자도 필요 없다. 만약 담배꽁초 줍기식 투자에 깊은 영향을 받고 있던 당시의 버핏에게 앞서 말한 A. B 두 기업 중 하나를 선택하라고 한다면 그는 분명 B 기업을 선택할 것이다.

당연히 B를 선택해야지요!
그 이유야 당연히
싸기 때문이지!

하지만 '담배꽁초'가 시장에서 차츰 사라지자 버핏도 다른 투자법을 찾기 시작했다. 멍거와 사상적으로 충돌하고 난 뒤 버핏은 달라졌다. 가치투자를 척도 삼아 재무제표상 자산의 저평가를 보던 관점에서 점차 미래 현금흐름(Cash Flow)의 저평가를 통찰하는 쪽으로 바뀌었다. 주식을 사들인 뒤에 팔지 않아도 되는 좋은 기업에 대한 투자가 어느새 버크셔 헤서웨이가 추구하는 핵심 가치가 되었다.

A를 선택해야지!

좋아, 좋아.
자네 말을
듣지!

'주식을 산다 = 기업을 산다.'
좀 더 높은 장기투자 수익을 올리려면 투자금을 좋은 기업의 주식에 묶어둬야 한다. 좋은 기업은 살벌한 경쟁에서도 가시덤불을 헤치고 나아갈 테니, 우리는 사회와 업계 평균보다 높게 성장하는 그 기업의 복리를 누리면 된다.

분명한 입장과 태도로
나쁜 기업은 버려야 합니다!

기복이 심한 투자 열기 속에서 장기적으로 복리를 눈덩이처럼 굴려 불어나게 하는 이들은 모두 다 가치투자자이다. 특히 지속적인 경쟁 우위 속에서 계속 성장하는 좋은 기업의 주식을 움켜쥐고, 산처럼 단단하게 움직이지 않는 투자자들이 바로 가치투자자이다.
합리적인 가격으로 우수한 기업에 투자하면 시간이 흘러 싼 가격으로 평범한 기업에 투자한 것보다 훨씬 더 좋은 결과를 얻는다. 이 말은 버핏에게만 적용되는 것이 아니라, 다른 모두에게도 마찬가지다.

시간은 우량 기업에는 친구이지만 평범한 기업에는 적이다.

— 워런 버핏

적당한 기업을 싼 가격에 사는 것보다 훌륭한 기업을 적절한 가격에 사는 것이 그 결과가 훨씬 좋다. 단지 지금 가치가 저평가되었다는 이유만으로 주식을 산다면 나중에 그 가격이 자신의 기대 수준에 이르렀을 때 그 주식을 팔 것인가 하는 문제를 고려해야 한다. 그것은 무척 어려운 일이다. 하지만 만약 아주 훌륭한 기업 몇 개의 주식을 살 수 있다면 그저 편히 앉아서 기다리는 것만으로도 충분하다. 우리는 큰 자금을 다른 결정을 내릴 필요가 없는 곳에 투자하기를 좋아한다.

— 찰리 멍거

3. 복리라는 꽃에 시간이라는 물을 주어라

　투자에서 가장 어려운 부분은 좋은 기업을 찾는 것과 찾고 나서도 투자할 수 있는 가격이 될 때까지 기다려야 한다는 점이다.

　아름답고 놀라운 시간이 도래했을 때 투자자가 해야 할 가장 똑똑한 행동은 무엇일까?

　그 주식을 매수한 바로 그때부터 비상장 기업에 투자한 것으로 여기거나 아니면 자신이 10년 동안 인터넷이 안 되는 무인도에 살고 있어 앞으로 주식을 매도할 수 없다고 상상하는 것이다. 이런 생각과 행동은 의외로 '단기적 사고'라는 고질병을 극복하는 데 도움을 준다. 대부분은 자신이 장기적 사고를 하고 있으며 그래서 나름대로 목표와 계획이 있다고 착각하지만 그렇지 않다. 만족감을 뒤로 미룬 채 자산을 계속 보유할 때 나중에 이익을 얻을 가능성이 점점 더 커진다.

버크셔 해서웨이의 신화와 같은 몇 가지 투자 사례를 돌아보자.

코카콜라가 탄생하고 수십 년이 지나 모르는 사람이 없는 유명 브랜드가 된 1988년, 마침내 버핏에게 코카콜라 주식을 살 기회가 찾아왔다. 당시 코카콜라는 펩시콜라와 극렬한 경쟁을 하고 있었다. 치열한 경쟁의 압박 아래 코카콜라 경영진은 잘난 척하며 100년 동안 지켜왔던 맛을 버리고, 새로운 맛의 '뉴코크(New Coke)'를 출시했다. 하지만 소비자의 엄청난 질타 속에서 주가가 곤두박질치자 경영진은 어쩔 수 없이 다시 오리지널 콜라를 공급하게 되었다.

버핏은 기업이 실수를 범했을 때 그 기회를 움켜잡아 담배꽁초 줍기식 투자를 하는 사람들의 입이 떡 벌어지는 투자를 했다. 주가 수익비율이 15배에 달하는 코카콜라 주식 13억 달러어치를 사들인 것이다. 이는 당시 버크셔 해서웨이 자산의 4분의 1에 달하는 자금이었다.

버핏은 코카콜라에 대한 소비자의 무조건적 사랑과 충성을 보았다. 이는 앞으로도 계속 몸값을 올릴 수 있는 완벽한 비즈니스 모델의 발판이라고 생각했다. 더욱이 코카콜라가 곧 전 세계 시장으로 진출할 가능성을 보았기에 앞으로도 수십 년 동안 계속 성장할 수 있다고 전망했다. 지금까지도 코카콜라는 버크셔 해서웨이가 보유한 주식 상위 세 가지 종목에 들어가고, 2019년 연말 기준으로 보유한 코카콜라 주식의 시가총액은 221억 4,000만 달러에 달한다.

시간은 투자에서 자금을 제외하고 가장 중요한 요인이다. 아무리 좋은 기업이라도 시간으로 복리를 굴리는 것이 필요하다. 시간을 소홀히 여기고, 주식 투자로 빨리 부자가 되겠다는 생각은 정말 비논리적이다.

12억 9,900만 달러   22억 4,000만 달러

　　좋은 기업의 주식을 보유한 상태에서 인내심을 갖고 그 성장을 지켜보고 누리는 것은 투자자가 수많은 소모와 손실을 피할 수 있음을 의미한다. 먼저 끊임없이 주식을 사고파는 과정은 수수료와 인지세를 지급해야 하고 배당세의 손실도 발생시킨다. 예를 들어 중국 A주의 경우 현행 규정으로 1년 이상 보유해야 배당세를 면해주고, 한 날 미만일 때는 20%의 배당세를 부과한다. 이런 드러나지 않는 비용을 절약하면 장기적 복리는 더욱 올라갈 수 있다.

한번 상상해보자. 투자한 1억 원이 매년 4%의 복리로 성장하는데 만약 매년 거래 과정에서 3%의 비용이 남는다면, 20년 후에는 어떤 차이를 보일까?

$$100,000,000 \times (1+4\%)^{20} = 219,100,000원$$

만약 여기에 과세되는 3%를 더하면 1억 원은 20년 뒤에 다음과 같이 늘어난다.

$$100,000,000 \times (1+4\%+3\%)^{20} = 387,000,000원$$

119,100,000원 vs. 287,000,000원

두 번째로 좋은 기업의 주식을 장기간 보유하면 시장의 간섭을 차단할 수 있다. 투자자는 이런 곳에 소모되는 정신과 체력으로 복리에 대한 인식을 키우고, 기업 전망에 대한 통찰력을 높이는 데 쓸 수 있다. 또는 자신의 주 업무에 집중해 직장에서 경쟁력을 높일 수도 있다.

그리고 가장 중요한 것은 좋은 기업은 성장하는 데 시간이 필요하다는 진리를 깨닫는 것이다. 이런 단단한 깨달음은 투자자가 온갖 잡음을 차단할 수 있게 해준다. 또한 그로 인해 부를 창조하고 쌓는 데 필요한 시간을 최소화할 수 있고, 평안한 생활을 추구하고 누릴 수 있는 체험을 극대화할 수 있다. 이런 평안하고 담담한 생활 그 자체가 바로 부를 통해 이루고 싶은 목표가 아닐까?

사람들이 복리의 기적을 느끼기는 매우 어렵다. 현실 생활에서 자주 볼 수 없기 때문이다. 하지만 좋은 기업이 매년 성장할수록 복리는 놀랄 만큼 늘어난다.

시간은 복리라는 기적에 꼭 필요한 양분이다. 1년은 사계절이 있다. 씨를 뿌려야 할 때가 있고, 수확할 때가 있다. 시간이라는 물이 없다면 아무리 대단한 기업이라도 복리의 꽃봉오리를 피울 수 없다.

이는 아주 중요한 투자 상식이다. 시장의 추세를 예측해서 끊임없이 사고파는 방식은 가만히 앉아서 투자한 것을 기다리기보다 훨씬 더 저급한 방식이다. 이성적인 분석을 한 뒤에 자신에게 이렇게 물어보라.

'이 기업의 주식을 10년 이상 보유하길 원하는가?'

이 질문은 투자하기 전에 생각을 정리해서 걸러낼 수 있는 아주 좋은 방법이다. 설령 중간에 기업 펀더멘털(Fundamental)의 변화로 가치가 지나치게 높아지거나 또는 다른 이유로 인해 보유하던 주식을 매도하게 되더라도 여전히 유효하다.

하지만 투자의 결과는 때때로 아주 아름답지요.

만약 10년 동안 보유할 주식이 아니라면 단 10분도 갖고 있지 마라.

— 워런 버핏

좋은 기업을 찾기란 너무 어렵다. 차라리 주식 시장이 없다고 생각하고 보유한 기업의 주식을 가만히 가지고 있길 바란다. 주식을 사서 가지고 있는 전략의 효과는 25년 전 우리의 예측을 훨씬 더 뛰어넘었다. 이 전략은 우리에게 예상치 못한 엄청난 부를 가져다주었다.

— 워런 버핏

가치투자자가 돼라. 아주 오랜 세월 증명된 효과적인 투자법이다.

— 워런 버핏

4.잠든 사이에도 돈을 번다

찰리 멍거는 캘리포니아에서 만난 한 플레이보이에 대해 재미있는 일화를 말한 적이 있다. 그 남자는 폭음을 하며 인생을 즐기고 살았다.

사람들이 그에게 취해서 실수하지 않도록 술을 조금만 마시라고 충고할 때마다 그는 언제나 이렇게 대답했다.

"걱정하지 말아. 내 채권은 술을 마시지 않으니까."

그가 그토록 거리낌 없이 맘껏 즐길 수 있는 것은 아마도 충분한 그의 재력 덕분일 것이다.

멍거는 이 우스갯소리를 버크셔 해서웨이에 빗대 설명했다. 설사 버핏과 자신이 세상을 떠나도 버크셔 해서웨이의 펀더멘털은 여전히 난공불락의 요새처럼 단단할 것이라 했다. 그 두 사람이 직접 선택한 주식들은 특별한 경쟁 우위를 갖고 있고, 시간의 시험도 견뎌낼 수 있는 투자 조합이니 계속 버크셔 해서웨이를 위해 돈을 벌어다 줄 것이다.

이 사례로 미루어 알 수 있듯 개인 투자자인 우리도 시간과 시장의 변동을 초월한 재무 해결방안을 만들어야 할 것이다. 투기하듯 주식을 사고팔며 순간의 득실에 매몰되어서는 안 된다. 사람들은 주식 시장이 하락하면 고통을 느끼는데, 그때 문제는 '주식'이 아니라 '투기'에 있음을 알지 못한다.

아! 또 떨어졌다!
주식 투기도
너무 어렵구나!

장기 손실로 인한 고통에서 벗어나는 가장 좋은 방법은 주식 투자의 가장 기본적인 상식을 이해하는 것이다.

'주식을 사는 것은 기업을 사는 것과 같다.'
'좋은 기업이 아니면 투자하지 않는다.'
'좋은 기업도 인내심을 갖고 기다려야 한다.'

이런 투자 상식을 이해하고 난 뒤에 첫 투자 종잣돈을 모으면서 좋은 기업, 좋은 관리, 좋은 가격을 이해하고 발견하는 능력을 적극적으로 훈련하고 키워야 한다.

초심자는 인내심을 유지하는 것을 잊어서는 안 된다. 또한 주식투자는 연습을 통해 경험을 얻을 수 있다고 생각하는 관점이 잘못된 것임을 알아야 한다. 반드시 자신이 찾아낸 기업이 좋은 기업임을 확인하고 승산이 아주 높은 상황에서만 첫 번째 투자를 시작해야 한다. 이 첫 번째 투자 행동에 대한 기억과 성패는 앞으로의 투자 방향과 취향에 큰 영향을 미친다.

투자에 적합한 성격을 갖추고 있고 여기에 의욕과 시간, 정력을 쏟아부을 준비가 되어 있는 투자자에게 주식 시장은 비정기적이지만 분명 그들의 능력 범위 안에서 기회를 줄 것이다. 능력 범위가 넓어지고 시간이 쌓이면서 투자자는 좋은 기업들을 보유하게 되고, 그 기업들의 성장이라는 열매를 딸 수 있게 된다.

자신의 능력 범위 안에서 좋은 기업을 3개 이상 찾는다면 충분히 분산투자를 할 수 있어 대부분의 외부 충격을 감당할 수 있다. 그렇게 되면 잠자리에 들어 단잠을 자는 동안에도 수익을 누릴 수 있다.

쌓인 이자와 주식배당금으로 충분한 생활이 가능한 '작은 눈덩이'가 되기 전까지 투자자는 대부분의 에너지를 자신의 직장이나 비즈니스 경영에 몰입해 현금창조 능력을 만들어내야 한다. 또한 시장의 과열 속에서 생길 수 있는 착각을 경계하고 함부로 전업 투자를 해서도 안 된다. 복리 초기의 눈덩이는 녹는 속도가 아주 빨라서 장기 복리라는 희망은 현실의 압박에 녹아 물거품이 되어버릴 수 있다.

만약 자신이 좋은 기업을 알아낼 수 있다는 믿음도 없고 장기적으로 보유할 자신도 없다면 다른 선택은 없을까? 그렇지 않다! 자신의 능력 범위를 알고 난 뒤에 투자자는 다른 수단을 선택해서 자신의 주관적 선택을 대신하게 하면 된다. 여유 자금으로 주류 기업의 인덱스펀드에 계속 투자하거나 자신이 잘 알고 신임하는 관리자가 조성한 펀드 상품에 넣은 다음 대부분의 에너지와 시간은 계속 자신의 본업에 투입하면 된다.

이렇게 두 가지 일을 동시에 진행하면서 시간의 숙성 과정을 거치면 그 이익도 복리와 비교했을 때 결코 손색이 없다. 투자 업무를 누구나 다 직접 해야 하는 것은 아니다. 다루는 이념과 출발점이 가장 중요하다. 경제적 자유는 언제나 지대한 관심을 받는 주제다. 돈 문제가 주는 피로감에서 벗어나는 것은 물론 '내 시간은 내 맘대로 한다'는 꿈을 실현한 사람들은 대부분 장기주의자들이다. 한 걸음씩 걸어 천 리를 가는 모습의 전형이다.

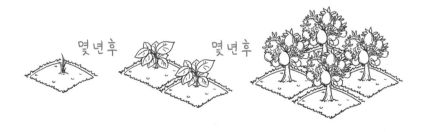

빠르게 발전하고 새로운 산업 기회가 끊임없이 생겨나는 나라에서는 몇 개 혹은 다수의 우수한 기업에 투자해서 누릴 수 있는 복리가 사회 평균 수익 수준이나 다른 간접투자 방식보다 낮을 이유가 없다. 이런 주식 시장에서 사람들이 5년, 10년 동안 계속 손해를 볼 이유는 더더욱 없다.

이런 이들은 철학자 루소가 말한 '차라리 죽을지언정 절대 생각은 하지 않는' 부류의 사람들이다. 현실 생활에서 그들이 아무리 근면하고 똑똑하며 절약하고 성실하게 산다 해도 말이다. 그들에게 가장 필요한 것은 주식의 함의와 가치를 근본부터 이해하고, 자는 중에도 늘어나는 수익을 가져올 적합한 시스템을 가능한 한 빨리 만드는 것이다. 그리해야 아름다운 삶을 누릴 수 있고 길고 긴 복리를 누릴 수 있다.

내 생활방식이 대다수 사람에게 맞지는 않는다. 대부분 사람은 정력의 80%를 가장 잘하는 전문 영역에 쏟아부어 경쟁력을 만들고, 나머지 20%의 정력을 결혼, 건강, 재무 문제 같은 인생에서 중요한 일에 집중한다.

－ 찰리 멍거

잠자는 동안에도 돈이 들어오는 방법을 찾아내지 못한다면 당신은 죽을 때까지 일을 해야만 할 것이다.

－ 워런 버핏

2

인내심을 갖고
기회를 찾아라

1. 나쁜 비즈니스 vs 좋은 비즈니스

비즈니스가 좋고 나쁜지는 태생적으로 차이가 있다. 어떤 업종은 너 죽고 나 살자 식으로 죽일 듯이 경쟁하며 싸우다가 결국에는 전체가 망할 때가 되어야 겨우 멈춘다. 바로 이 시기에 몇몇 기업이 전장을 수습하겠다고 또 뛰어든다. 하지만 그들도 곧 벗어날 수 없는 수렁에 빠지고 또 한바탕 전쟁이 시작된다. 경쟁의 모든 좋은 점은 전부 다 소비자에게로 간다.

또 어떤 업종은 경쟁이 아주 치열해 보여도 상품 간에 차별점이 있어서 그들 제품이 소비자의 생각과 눈에는 전부 다 다르게 보인다. 그 때문에 삼류 회사에도 나름의 소비자 집단이 있다. 이들 기업은 싸우기는 해도 각자 아주 윤택하게 살 수 있다.

비즈니스 모델의 중요성을 인식해야 한다. 경쟁 상황의 변화를 통찰해서 올바른 투자 대상을 선택하는 일은 각고의 노력 없이는 안 된다. 설사 아무리 뛰어난 대가라고 해도 실수와 시험, 훈련을 거쳐야 한다. 우리는 직접 경험하지 않아도 읽기를 통해서 그들의 경험을 보며 소중한 지혜를 얻을 수 있다.

버핏은 평생 투자와 기업 인수를 하면서, 특히 초창기 담배꽁초 전략과 보석과 같은 좋은 기업 전략 사이에서 '나쁜 비즈니스가 얼마나 나쁠 수 있는지를 알지 못하는' 실수를 수도 없이 범했다. 버핏과 멍거는 한때 엉망진창 업종의 나쁜 기업들을 두루 섭렵했었다.

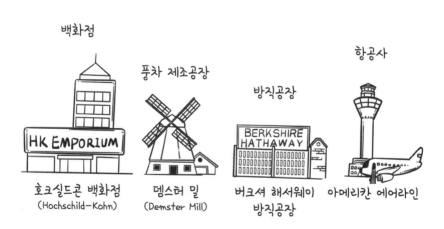

백화점
풍차 제조공장
방직공장
항공사

호크실드콘 백화점
(Hochschild-Kohn)

뎀스터 밀
(Demster Mill)

버크셔 해서웨이
방직공장

아메리칸 에어라인

이들 중에서 특히 버핏이 수십 년 동안 가슴을 치고 후회한 기업이 있다.

"버크셔 해서웨이(방직공장)에 투자한 일은 (기회비용) 2,000억 달러짜리 실수였습니다."

나쁜 비즈니스 모델을 가진 업계의 경쟁은 치열하다. 상품은 차별성이 없어 경쟁 과정은 거액의 자본으로 시작해서 끊임없는 가격 전쟁으로 끝을 맺는다.

이윤은 계속 낮아지고 현금흐름의 소모도 심각해진다. 저평가되었던 주식은 거품이 되고, 재무제표에 남은 현금도 전부 경쟁에 투입해야 한다. 얼마 지나지 않아 기업은 생사존망의 갈림길에 선다.

나쁜 비즈니스는 재무제표상으로는 이익이 난 것처럼 보이지만, 모든 이윤은 전부 기업에 재투자된다. 그렇지 않으면 경쟁에서 낙오되고 말기 때문이다. 이런 비즈니스를 몇 년간 경영하면 결국에는 자신의 뒷마당에 설비가 가득 쌓인 것을 보면서 이렇게 한탄하게 될 것이다.

이는 버핏에게 깨달음을 준 시즈캔디(See's Candy)와는 완전히 상반된 상황이다. 시즈캔디는 미국 캘리포니아주에서 첫손가락에 꼽히는 캔디 브랜드로, 품질로 소비자를 사로잡은 소비자 독점기업의 상징이다. 브랜드 효과의 이익을 누리는 시즈캔디는 통화팽창에 따라 점차 가격을 올렸지만 소비자들은 기꺼이 받아들이고, 심지어 가격 인상을 체감하지 못하기도 했다.

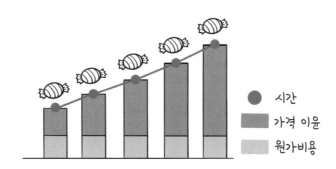

시즈캔디에서 가장 핵심은 생산 공정이 안정화되어 매년 자본 지출이 아주 적다는 점이다. 그래서 대량의 잉여현금이 물처럼 흘러 버크셔 해서웨이의 주머니로 들어갔다. 버핏은 그 자금으로 다시 다른 우수한 기업에 투자할 수 있었다.

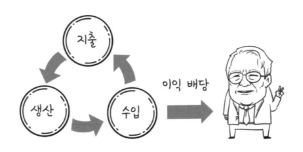

가격 인상이 가져온 총이윤율 상승과 계속 이어지는 현금 회수에 버핏은 기쁨의 환호성을 멈추지 못했다. 시즈캔디의 투자는 이후 버크셔 해서웨이의 투자 스타일에 큰 영향을 미쳤다. 나중에 높은 가격에도 코카콜라에 신속하게 투자를 결정할 수 있었던 것도 그 덕분이었다.

1970년대에 우리가 2,500만 달러로 시즈캔디를 샀는데, 지난 40년 동안 우리는 16억 7,000만 달러의 순이익을 거두었지요!

지난 40여 년간 중국 경제에서 일어난 기적은 초기 자본을 축적한 후에 세계무역체제에 들어간 것과 직접적 관련이 있다. 제조가공업은 중국 개혁개방 초기의 주류 업종이었다. 제조가공업은 좋은 비즈니스 방식은 아니다. 대부분은 끊임없이 투자해야 이익을 유지할 수 있기 때문에 최종적으로 주주들에게 분배할 잉여현금이 아주 제한적이었다. 그 때문에 중국 주식 시장은 지난 20년간 투자할 가치가 있는 기업은 아주 한정적이었다.

2008년부터 중국 경제는 지속해서 변화가 일어났다. 특히 2016년 이후 각국의 무역마찰 등 외부 형세의 변화로 인해 중국 경제의 중심이 외수에서 내수로 돌아서면서 투자에서 소비로 전환하는 역사적 추세도 이미 형성되었다.

중국인도 중국판 시즈캔디에 투자할 수 있습니다. 가치투자자의 봄날이 이미 도래했습니다.

증가하는 국민의 생활 수요를 만족시키고, 물질과 정신적 소비, 이 두 가지 모두에 부응하기 위해 소자본의 차별화가 이루어졌고, 인터넷 관련 업종의 업무가 엄청나게 늘어났다. 중국의 앞선 정보, 물류, 지불 방식 등의 인프라와 시책을 이용해 벌써 일련의 좋은 비즈니스 모델이 속속 나오고 있다.

우리는 안정적인 입종이며 장기적이고 지속적인 경쟁 우위를 갖춘 기업을 찾는다. 이런 기업이 성장성까지 갖춘다면 위대한 기업이 된다. 설사 성장성이 높지 않아도 투자할 가치가 있다. 이 기업에서 나오는 풍성한 이익으로 다른 비슷한 기업을 인수하면 된다. 한 기업에서 번 돈을 그 기업에 재투자해야 한다는 원칙은 없다. 오히려 그렇게 하면 대개 실수가 될 뿐이다. 정말 위대한 비즈니스는 유형 자산에서 거대한 이익을 거둘 뿐 아니라 얼마나 오랜 기간이든 수익의 많은 부분을 재투자할 필요 없이 고수익을 유지할 수 있기 때문이다.

— 워런 버핏

두 종류의 기업이 있다. 하나는 이익률이 12%로 연말에 현금화할 수 있다. 하지만 또 다른 하나는 이익률은 12%로 같지만 모든 잉여현금을 반드시 재투자해야 하고 영원히 현금으로 인출할 수 없다. 우리는 이런 기업을 정말 싫어한다.

— 찰리 멍거

2. 절정으로 치닫는
규모의 경제 효과

소매업에는 백화점, 통신업 등과 같은 대규모 소매업과 독립 소매점, 행상 따위의 소규모 소매업이 있다. 이번 장의 주제는 소매업에 부합한다. 소매업이 가장 광범위하고 혹독한 동질화 경쟁을 겪기 때문이다. 브랜드 파워나 독점이 가져오는 좋은 비즈니스에 비해 소매업은 절대적으로 '모르는 사람이 뛰어들면 안 되는' 업계이다. 자리를 잡기 위해서는 심혈을 기울여 경영해야 한다. 소매업에서 적절한 투자 대상을 선택하는 일은 무척 어렵다.

하지만 또 다른 한편으로 소매업은 규모의 경제 효과를 확실히 누릴 수 있는 업종이기도 하다. 게다가 복제가 쉽고 소자본 운영도 가능하고 충분한 잉여현금흐름 등의 유리한 특징을 갖고 있다. 세계적으로 보면 일부 소매업의 거대 기업은 오랫동안 지속 성장해서 위대한 투자자들에게 복리의 기적을 안겨줬다. 그 때문에 소매업도 투자자가 비켜 갈 수 없는 업종이고, 특히 중국 시장은 수많은 소비 영역이 힘차게 발전하는 상황이다.

소매업에서 규모의 경제 효과(Size Effect)는 소비자에게 최상의 서비스를 하겠다는 목표 아래 '기대 극대화, 비용 최저화'의 극한을 추구한다. 장기적으로 성장하고 발전해온 소매업의 거대 기업은 모두 다 이와 같다.

구매 규모의 우위는 소매업 경쟁력의 왕도라 할 수 있다. 업체는 구매 규모의 우세로 가장 적은 비용으로 물건을 얻은 다음, 물량을 많이 팔아서 이익을 남기는 박리다매로 물건을 판다. 구매 규모가 그다음인 기업은 점차 따라갈 수 없게 되고 어쩔 수 없이 시장을 내줄 수밖에 없다.

기술 또한 경쟁 우위를 역전시킬 수 있는 촉진제이다. 신기술이 대량으로 운용되는 전환점에서 소비자의 요구를 만족시키는 새로운 형식이 탄생하고 그를 통해 소매업의 새로운 거두(巨頭)도 등장하기 마련이다. 전화나 인터넷 직판으로 판매하는 방식이 전통적인 보험설계사를 이용한 판매를 대신해 이제 보험업계의 주류가 된 것과 같다.

또는 무선 인터넷, 모바일 통신의 성장에 기댄 전자상거래 플랫폼이 종합 비용 면에서 훨씬 높은 기존의 소매업 거대 기업을 대신할 수 있다.

일부 전통 소매기업은 소비자의 요구에 대한 한층 깊이 있는 이해와 탁월한 경영이념으로 전자상거래 경쟁이 격렬한 상황에서도 여전히 대중의 사랑을 받고 있다. 그 대표적인 기업이 바로 찰리 멍거가 이사로 있고, 아마존도 결코 물리치지 못한 코스트코다.

코스트코는 미국 2위 유통업체로 중산층이 타깃 고객이다. 상품 선택에 고심해서 매 SKU(Stock Keeping Unit, 재고량 단위)에 가장 좋은 선택 1~2개만 두고, 가격에서도 거의 모든 이익을 포기한다. 대신 매년 고객의 회원 등록 비용을 이익으로 가져가는데, 이는 다른 유통업체와 차별화되는 방식이다.

우리의 이익은 대부분 매년 고객의 회원 등록비에서 나온답니다!

소비자들은 일단 매년 고정 회비만 내면 코스트코가 자신들을 대신해 가장 실속 있는 제품을 선택해주고 이윤도 남기지 않는다고 느껴 그들은 완전한 충성 고객이 된다. 충성 고객들은 오직 코스트코에서만 물건을 사고, 필요한 물건이 있으면 그냥 가서 가격도 보지 않고 카트에 담는다. 신뢰가 소비망과 규모의 빠른 확장을 가져온다. 지금까지도 코스트코 구매 시스템에 자사 제품을 계속 팔 수 있는 브랜드는 소비자가 고민할 필요 없이 믿을 수 있고 가격 거품도 과하지 않은 제품들이다.

예를 들어 코카콜라 같은 제품이지요!

전 세계적으로 사랑받는 브랜드 코카콜라는 탄산음료와 과즙 음료를 포함해 이미 500개가 넘는 제품을 가지고 있고, 판매망은 전 세계에 걸쳐 있다. 사람이 사는 곳에는 반드시 코카콜라가 있다고 말할 수 있다.

좋은 비즈니스의 핵심은 소비자를 이끌어가는 것이다. 장기적으로 봤을 때 소비자는 아주 똑똑하기 때문에 소비자를 기만하는 그 어떤 상업 행위도 절대로 오래갈 수 없다.

소비자의 요구를 중심에 두고 따라가며, 소비자의 통점(Pain Point)을 해결하기 위해 자신의 비즈니스 조직을 재빨리 바꿔서 고객 지향적인 기업 문화를 가진 회사를 만들어야 한다. 그런 기업이 충성 고객을 만들고 믿을 수 있으며 고객의 마음을 움직이는 브랜드가 될 수 있다.

코카콜라가 소비품 업계에서 규모의 경제 효과 면에서 정상을 딜리는 기업이라면, 최근 20년 동안 특히 모바일 인터넷이 보편적으로 보급된 오늘날, 비즈니스 세계의 규모의 경제와 인터넷 확산에 따른 효과는 이미 새로운 고점에 이르렀다 할 수 있다.

아마존부터 페이스북, 트위터에서 타오바오(淘宝), 웨이신(微信), 핀둬둬(PDD)까지 '많은 사람이 이용할수록 더욱 쓰기 좋아진다는' 규모의 경제 효과를 보여주며 새로운 정상을 향해 달려가고 있다. 심지어 2인자는 죽을 수밖에 없는 승자독식 상황에까지 이르러 승자는 실질적 의미의 시장 독점과 높은 이윤을 실현하고 있다. 이런 영역에서도 전 세계에서 현재 시가총액이 최대에 이른 기업들이 나타나고 있다.

비즈니스 영역에서 어떤 시스템이 승리하는지 발견할 수 있다. 통상적으로 하나 또는 여러 개의 변수에서 극단적인 수준에 있다. 최대화하든 최소화하든, 창고형 할인매장인 코스트코처럼 말이다. 좋은 비즈니스 모델에는 '해자(垓字)'가 있다. 해자를 만들어내는 요소에는 규모의 경제 효과, 브랜드 파워, 독점 등이 있다. 어떤 업종에는 하늘이 내린 기회에 지리적 우세까지 더해져 아주 자연스럽게 압도적 경쟁력을 지닌 우위 기업이 되고, 종종 승자독식의 상황을 만들어낸다. 게다가 이런 규모의 이점은 아주 엄청나서 아맥스를 무너트리는 것이 코카콜라나 질레트를 무너트리기보다 훨씬 더 쉽다고 할 수 있다.

— 찰리 멍거

좋은 비즈니스 모델은 바로 계속 돈을 버는 방식으로, 길고 긴 언덕에 두껍게 쌓인 눈과 같다. 때로 아주 넓은 해자가 되어 변화에 쉽게 영향을 받지 않고, 계속 소비자가 좋아하는 차별화된 상품이 되도록 해준다. 비즈니스 모델을 관찰하는 것은 아주 중요하다. 만약 어떤 기업의 비즈니스 모델이 마음에 들지 않는다면 더 이상 연구하는 데 시간을 쓰지 않아도 된다. 만약 10년 후 전망이 좋지 않을 것이 분명한 기업에 대한 투자를 피할 수 있다면 기본적인 성과는 그리 나쁘지 않을 것이다. 그리고 몇 년 후 주식을 살 만한 기업을 찾을 수 있다면 바로 발전할 것이다.

— 돤융핑

3. 갈수록 분화하는 브랜드 효과

일상에서 만나는 대부분 상품 가운데 소비자가 차별성을 느끼는 상품은 아주 적디. 그래서 오직 가격만을 수단으로 경쟁하는 이들에게 가격을 올리는 일은 무척 어렵다. 이런 비즈니스는 돈 벌기도 힘들고 주주에게 줄 것도 없으니 투자 가치는 말할 것도 없다.

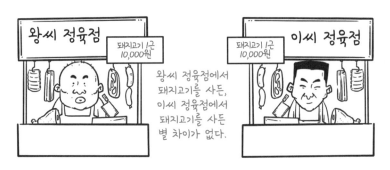

왕씨 정육점에서 돼지고기를 사든, 이씨 정육점에서 돼지고기를 사든 별 차이가 없다.

　소비자 마음에 유일한 브랜드로 자리 잡는 것을 마다할 기업이 있을까? 하지만 본질적인 면에서 보면 제품 자체의 차별성과 오랜 기간 쌓아온 제품의 품질, 안정성 보장, 합리적이고 올바른 소비자 광고를 통한 소통 등 모든 힘이 합쳐져야 훌륭한 브랜드 이미지가 만들어진다. 잠깐의 노력으로 되는 일이 아니다.

　브랜드가 소비자를 '봉'으로 본다는 의미가 아니다. 높은 가치로 오랫동안 존재하는 브랜드라면 분명 그만한 이유가 있다. 가격을 넘어서는 어떤 프리미엄을 제공할 수 있는 브랜드와 제품은 기능적인 수요 외에도 소비자의 정서적 욕구를 충족시킨다. 이런 브랜드는 보통은 엄청난 우량주가 된다.

　제조 능력은 과잉 상황이고, 품질의 차이는 갈수록 줄어드는 오늘날, 많은 제품이 자신만의 독특한 상품 포지셔닝과 광고의 힘을 빌려 소비자 마음을 사로잡기 위해 애쓴다.

　하지만 어디 말처럼 쉬운 일이겠는가. 지금 세상은 이미 신문이나 텔레비전이 주의력과 관심을 독점하는 시대가 아니다. 정보의 파편화는 브랜드에 대한 소비자의 기억을 대대적으로 약화시켰다. 새로운 상품은 반응을 일으키기 힘들고, 오래된 브랜드도 명성을 잃어가고 있다. 사람들의 정신적 요구를 만족시키는 브랜드만이 새로운 것을 대신할 수 있다. 브랜드 효과가 빠르게 분화되는 시대에 들어섰다.

더욱 잔혹한 것은 브랜드 효과와 가치가 전체 업종의 변천에 따라 추락할 수 있다는 점이다. 전기차를 예로 들어보자. 전기차 제조 비용은 감소하고, 주행거리는 더욱 늘어나며, 충전 시스템도 점차 완비되고 있다. 앞으로 몇 년간 중국의 전기차 시장은 수요 폭발의 임계점을 맞이할 것이고, 각종 신흥 전기차 브랜드도 세상에 모습을 드러낼 것이다.

전 세계에서 가장 중요한 수요 증가 시장인 중국에서 벤츠, BMW 등의 전통적인 자동차 브랜드는 이미 거대한 경영 압박을 받고 있다. 그 근원을 파헤쳐보면 전기차가 일반 자동차와 크게 차이 나지 않을 정도로 발전했기 때문이다. 만약 지금의 세계적 자동차 브랜드가 가속, 주행거리, 자율주행장치 등의 기술에서 절대적 우세를 차지하지 못한다면 과연 소비자에게 더 많은 금액을 지불해야 한다고 어떻게 설득할 수 있을까? 그것은 분명 골칫거리가 될 문제이다.

Key Point

브랜드 형성의 초기 지향점은 상품 품질에 대한 약속이다. 그 약속으로 소비자의 선택 비용을 낮추고 그로 인해 가격 프리미엄도 누릴 수 있다. 하지만 경쟁이 절대로 멈추지 않는 자본주의 세상이니 새로운 경쟁은 끊임없이 일어날 것이다.

최근 10년간 소매기업 자체의 프라이빗 브랜드도 무시할 수 없는 힘으로 자리 잡고 있다. 코스트코의 프라이빗 브랜드 케첩 판매량은 100년 넘게 사람들의 마음속에 자리 잡고 있던 케첩 브랜드 '하인즈'를 넘어섰다. 그에 따라 하인즈의 순 이익률은 자연히 낮아졌다.

중국의 전자상거래 영역 역시 브랜드 킬러라 불리며 오프라인 소매업에 강력한 타격을 주고 있다. 그중에서 특히 소셜미디어를 통한 이커머스 영역이 중국으로 건너온 뒤, 수출에서 내수 생산체제로 전환한 중국 상황과 맞물려 한층 더 미묘한 화학반응을 일으켰다. 중국 소비자가 처음으로 좋은 상품 품질을 위해 기꺼이 최소의 브랜드 프리미엄을 지불하게 된 것이다.

브랜드 파워의 전망은 앞으로 어떨까?

소비자는 이성적인 선택을 하게 될 것이다. 투자자라면 자신이 주식을 매수한 기업 제품의 비즈니스와 브랜드를 고려해야 한다. 이 제품이 앞으로도 소비자가 가장 좋아할 만한 것인지, 계속 높은 이윤을 가져다줄 것인지 생각해야 한다.

프리미엄의 원천은 편애와 충성도에서 오기 때문이지!

캘리포니아 사람들의 머릿속에는 시즈캔디에 관한 기억이 있고, 대부분 아름다운 기억들이다. 이것이 바로 좋은 브랜드의 힘이다. 한번 생각해보라. 밸런타인데이에 시즈캔디를 사서 사랑하는 소녀에게 선물하고, 두 사람은 키스한다. 얼마나 아름다운가. 만약 그녀가 뺨을 때렸다면 우리는 더는 장사를 할 수 없을 것이다. 그녀가 입맞춤을 원한다면 수많은 사람의 바람이 이뤄진 것이고, 시즈캔디는 달콤한 입맞춤을 의미한다고 말할 수 있다. 만약 소비자들의 머릿속에 이런 인상을 남겨줄 수 있다면, 매년 10%씩 가격을 올린다 해도 신경 쓰는 고객은 없을 것이다. 이것이 바로 마음을 얻은 브랜드의 힘이다.

— 워런 버핏

4. 변하지 않는 건 모든 것이 변한다는 사실뿐

만약 투자자가 수십 년 동안 15%의 복리를 얻고 싶다면 15% 성장률의 기업을 찾아서 장기적으로 보유하면 될까? 현실에서는 그런 기업이 아마 존재하지 않을 것이다. 대부분 기업은 결국 점차 쇠락의 길로 들어서는 것을 피할 수 없다.

버크셔 해서웨이는 1960년대에 블루칩 스탬프(Bluechip Stamps)에 투자했다. 블루칩 스탬프는 버핏이 말하는 가장 큰 투자 실수 가운데 하나다. 1956년 블루칩 스탬프는 슈퍼마켓 등 소매점에서 소비자들에게 구매 금액에 비례해 쿠폰을 발행하던 회사였다. 몇 년 후 캘리포니아에서 가장 큰 쿠폰 회사로 성장했다. 그러나 1970년대 슈퍼마켓들이 할인점과 주유소로 업종을 바꾸면서 쿠폰으로 사

은품을 주는 소매상들이 점차 줄어들자 쿠폰 비즈니스는 사라지게
되었다.

1993년 신발회사인 덱스터(Dexter)에 투자할 때, 버핏은 버크셔
해서웨이의 주식으로 인수대금 일부를 지급했다. 그만큼 성공을 확
신했다. 나중에 이익을 좇는 자본은 제조 환경을 노동 비용이 저렴
한 아시아 국가로 옮기면서 미국 제조업은 하향길에 들어섰다. 덱
스터 신발회사도 결국 파산했다.

『워싱턴 포스트』는 한때 미국에서 영향력이 가장 크고 이윤 역
시 가장 많던 신문사 중 하나였다. 인터넷이 발전한 후 겨우 10년
만에 이 신문업계 거두의 비즈니스 모델은 완전히 허물어지고 말
았다.

미국 공업의 상징인 제네럴 모터스(General Motors, 이하 GM)도
2008년 금융위기 중에 900억 달러의 채무 압박을 받았고, 주주의
권익도 순식간에 다 사라져버렸다.

2007년
손실액 380억 달러로
파산 임박

2008년
계속되는 손실액
300억 달러 채무

2009년
순자산은 겨우
820억 달러에 불과한데,
부채는 1,720억 달러에
달해 파산보호 신청

업계의 격렬한 경쟁 외에도 기술 발전 역시 많은 비즈니스 모델에 위협이 되고 말았다. 신기술은 현재 유효한 어떤 비즈니스 모델에도 손해를 입히거나 이익을 침해할 수 있다. 다음 그림을 보면 쉽게 이해할 수 있을 것이다.

기술 진보는 대부분 가격 경쟁형 상품에 재난과도 같다. 경쟁 상대가 신기술을 손에 쥔 뒤에는 약간 더 많은 이윤에는 만족할 수 없어 가격전쟁으로 시장을 점유하려 하기 때문이다. 그런 상황에서 시장을 잃지 않기 위해서는 어쩔 수 없이 따라서 가격을 낮출 수밖에 없다.

끊임없는 변화 속에서 지속적인 경쟁 우위를 보유한 기업만이 경쟁에서 독립적인 지위를 유지할 수 있다. 신기술을 활용해 원가를 낮춰 이윤율을 높여야 해자를 확보할 수 있다. 한마디로 경쟁업체가 쉽게 넘볼 수 업는 기술력 혹은 인프라, 팬덤, 브랜드 가치 등

자동차가 마차를 대신한다.

전화가 전보를 대신하고, 나중에는 핸드폰이 대신한다.

유심칩이 필름을 대신한다.

을 잃지 않을 수 있다.

만약 코카콜라가 신기술을 개발해서 생산 원가를 낮춘다면 그 절약한 비용은 전부 다 이윤으로 전환할 수 있다. 왜냐하면 소비자는 조금 더 싸다고 경쟁 상대의 품으로 달려가지는 않기 때문이다.

너희는 가격을 낮추지 않았지만 우리는 가격을 낮췄어.

비용

이윤

비용

이윤

맘대로 해. 우리 제품의 소비자 충성도는 아주 높다고!

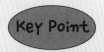

어떤 비즈니스의 10년 뒤 장기 전망을 알려면 우리는 기술의 변화를 파악하는 능력을 갖춰야 한다. 언제 비즈니스를 사고, 언제 버릴지 판단할 수 있어야 한다.

이런 통찰력은 아주 오랜 기간의 지식과 경험이 쌓여야만 변동하는 형세 속에서 변하지 않는 본질을 읽어낼 수 있다. 그렇다 하더라도 그 범위는 몇 개 특정 업종에 국한될 뿐이다. 단언컨대 설사 버핏이라 해도 모든 업종을 제대로 평가할 수는 없다.

우리가 어떤 비즈니스를 잘 안다는 것은
그 비즈니스의 10년 뒤 장기 전망을
알게 되었다는 의미이지요.

다행히도 투자자는 모든 업종의 상황을 전부 다 알고 있을 필요가 없다. 필요한 것은 자신과 자신이 알고 있는 것에만 충실하면 된다. 자신의 능력 범위를 벗어나지 말고, 경영전략의 세계 최고 권위자인 마이클 포터(Michael E. Porter)가 말한 5가지 경쟁 요인, 즉 동종 기업의 경쟁 정도, 신규 기업의 진입 위협, 대체재의 위협, 구매자의 협상력, 공급자의 협상력 같은 요소를 조사해 신중하게 기회를 선별하면 된다.

인내심을 가지고 찾고 기다리다 보면 언젠가는 자신만의 기회를 만나게 된다. 길고 긴 언덕에 두껍게 쌓인 눈 같은 기회를 말이다.

마이클 포터의 5가지 경쟁 요인

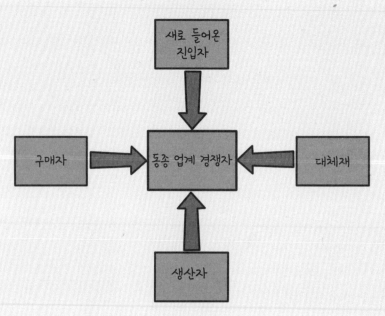

장기적으로 봤을 때 역사가 이미 증명했듯이 주주의 뜻에 따라서 생존하려 한다면, 그 어떤 기업도 생존 확률은 아주 낮다.

－찰리 멍거

진정으로 위대한 기업이 되려면 반드시 탁월한 수익률을 지켜줄 수 있는 항구적 '해자'를 보유해야 한다. 높은 투자 수익을 내는 기업의 성이 끊임없이 경쟁 상대의 공격을 받게 되는 것은 자본주의 경제체제에서는 필연적이고 운명적이다. 그 때문에 탁월한 실적을 계속 유지하려면 경쟁 상대가 보기만 해도 두려움을 느낄 수 있는 성벽을 쌓는 것이 가장 중요하다. 보험사 가이코(GEICO)나 코스트코처럼 낮은 생산 비용을 계속 유지하거나 코카콜라, 질레트, 아메리칸 에어라인처럼 전 세계적인 강력한 브랜드를 만들어내야 한다. 이렇게 보기만 해도 두려운 높은 진입 문턱은 기업이 지속적인 성공을 얻는 데 아주 중요하다. 기업의 역사를 돌아보면 로만 캔들(Roman Candle)처럼 잠깐 찬란하게 타오르고 순식간에 꺼진 기업이 너무나 많다. 이런 기업의 해자는 그저 흉내만 내듯 만들어둔 것뿐이다. 경쟁 상대들은 별도의 힘을 들이지 않고도 쉽게 해자를 뛰어넘는다. (……) 우리가 찾는 기업은 안정적인 업종에서 장기적이고 지속적인 경쟁 우위를 갖춘 기업이다.

－워런 버핏

3

위대한 기업에
투자하라

1. 열정의 창업자를 이길 순 없다

기업은 사람이 세운다. 우수한 창업자는 좋은 기업에 없어서는 안 될 역할을 한다. 그들은 종종 전문기관 출신이 아닐 때도 있고, 처음에는 그저 단순한 한 명의 소비자로 자신의 불편한 점을 해결하려는 소박한 바람에서 시작한 예도 있다. 비즈니스 활동과는 전혀 상관없는 아웃사이더라 할 수 있다.

하지만 일단 창업을 하면 그들은 소비자 지향 주의를 견지하고, 일을 추진하는 데 필요한 강철 같은 의지를 갖고 있다. 버핏이 자주 입에 올리는 B여사가 바로 그 전형적인 사례다.

B여사는 원래 러시아 사람으로 1916년 러시아를 탈출해 미국으로 도망쳐왔다. 한 번도 정규 교육을 받은 적이 없는 그녀는 매일

밤 딸의 도움을 받아 영어를 배웠다.

1937년 오랫동안 중고 의류를 팔던 그녀가 아끼고 아껴 모은 종잣돈 500달러로 네브래스카주 오마하에 네브래스카 퍼니처 마트(Nebraska Furniture Mart)를 열었다. 그리고 점차 전 미국에서 가장 성공한 가구점으로 발전해나갔다.

이 기적의 비즈니스를 이뤄낸 원리는 사실 그리 복잡하지 않다. B여사는 경영을 시작할 때부터 '좋은 물건을 싸게 판다'는 경영이념을 계승했다. 동종 업자들이 연합해 숨통을 조이며 압박하기도 했지만 그녀는 전혀 타협하지 않았다. 시간이 흘러 소비자들도 이 사실을 분명히 알게 되자 가구를 사려면 네브래스카 퍼니처 마트로 가는 것이 당연한 선택이 되었다.

버핏은 오랜 시간 B여사의 성공을 관찰하며 그녀에게 감탄했고,

뛰어난 능력의 창업 2세대가 두각을 나타내는 것도 지켜보았다. 그리고 때가 되면 네브래스카 퍼니처 마트를 버크셔 해서웨이 손에 넣겠다고 생각했다. B여사가 89세가 되었을 때 버크셔 해서웨이는 마침내 계획을 실현시켜 네브래스카 퍼니처 마트의 주식 90%를 사들이는 일을 완성했다.

주식 인수 이후 아들과 손자들은 현대적 기업관리 시스템을 도입했고, 점차 경영 업무 일선에서 물러나기 시작했다. 하지만 B여사는 여전히 크고 작은 모든 일을 직접 처리했다. 경영이념이 다르다 보니 점차 갈등이 생겼고, 5년 뒤 B여사는 경영권을 빼앗기고 말았다. 화가 난 그녀는 네브래스카 퍼니처 마트 맞은편에 새로운 퍼니처 마트를 열었다.

94세 된 B여사가 새로 가구점을 열었지만 당시 영업액이 이미 수십억 달러에 달하는 네브래스카 퍼니처 마트에 아무런 위협이 되지 않았다.

걱정하지 마!
94세나 된
할머니가 무슨
능력이 있겠어?

하지만 B여사가 세웠던 명성은 무너지지 않아 새로 연 가구점은 장사가 정말 잘됐다. 새 가구점이 네브래스카 퍼니처 마트의 비즈니스를 빠르게 뺏어가자 버핏과 B여사의 자손들은 아주 골머리를 앓았다.

2년 후, B여사와 그녀의 자손들은 화해했고 버핏은 어쩔 수 없이 다시 500만 달러를 들여 새 가구점을 인수했다. 이번에는 그들도 영리하게 B여사에게 경쟁 금지 조약에 서명하게 했다. B여사는 104세로 세상을 떠나기 전까지 매주 7일을 가구점이 문을 열고 닫을 때까지 일했다.

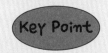

B여사는 아주 평범한 비즈니스로 훌륭한 해자를 만들어낸 전형적인 사례다. 미국에는 비슷한 유형의 수많은 성공한 기업가들이 있다. 맥도널드의 레이 크록(Ray Kroc), 스타벅스의 하워드 슐츠(Howard Schultz) 등이 대표적이다. 개혁개방 이후 중국에는 특히 최근 몇십 년 동안 빈손으로 일어나 성공한 기업가들이 등장하고 있다.

그들은 모두 소비자의 단순한 요구 지점에서 출발해서 한 가지에만 집중했다. 소비자가 인정할 때까지 진심으로 믿고 노력해서 위업을 달성해 냈다. 하지만 이런 상황도 창업자가 창업이란 업무에서 기업을 경영하는 업무로 전환하는 순간 달라질 수 있다. 창업에 필요한 능력과 경영에 필요한 능력이 같지는 않기 때문이다. 아마도 끊임없이 처리해야 할 관리 문제는 경영자를 난감하게 할 것이다. 그리고 창업자가 일단 잘못을 범하거나 떠나게 되면 기업의 해자는 바로 사라질 것이다.

이런 상황은 투자자가 마주하고 싶지 않은 상황이다. 한 기업의 내재가치를 평가할 때, 우리는 언제나 그 기업이 앞으로 잉여현금이 물처럼 흘러들어오는 것을 보길 바란다.

여기에는 시스템과 문화의 보호가 필요하고, 창업자는 일찍부터 기업의 장기 존속을 위한 준비를 해야 합니다!

평균적으로 최고경영자의 소질보다는 기업의 질에 기대는 것이 낫다. 바꿔 말해 만약 둘 중 하나를 선택해야 한다면, 경영자의 재능이 아니라 기업의 발전 추세에 걸라는 말이다. 그런데 아주 드문 상황도 있다. 아주 뛰어난 경영자를 발견하고 현명하게 그를 따라가 별로 대단하지 않아 보이는 기업에 투자하는 것이다.

— 찰리 멍거

기업의 비즈니스 가치를 평가할 때 나는 스스로에게 다음과 같은 질문을 던진다.
"만약 내가 충분한 자금과 인재가 있다면 이 기업과 경쟁하길 원하는가?"
나는 B여사 가족과 경쟁하느니 차라리 회색곰과 싸우는 것이 낫다고 생각한다.
그들은 그들만의 탁월한 구매 방식이 있고, 경영 비용은 경쟁 상대가 상상도 못할 정도로 낮다. 그렇게 절감한 비용의 상당액까지도 전부 고객에게 돌려준다.
아주 이상적인 기업이다. 고객을 위해 가치를 창조하고 그것으로 소유자에 대한 경제 이익을 확보하는 방식이니까.

— 워런 버핏

2.최고의 경영자는 해자를 확장하는 사람

경쟁은 자본주의의 본질이다. 좋은 비즈니스 모델은 전부 해자를 갖고 있으며, 그 해자를 통해 경영 과정의 우세한 지위를 침범하려는 다른 이들을 막는다. 사실 경영진의 가장 핵심적인 책무는 경영 활동을 통해 이 해자를 지키는 것이다. 어떻게 그 해자를 넓힐 수 있을지 매일매일 노력하고, 그를 통해 기업의 오랜 경쟁력을 높인다.

경영진은 시스템 강화를 통해 같은 생각과 지향점을 지닌 인재를 길러내고 영입해야 한다. 또한 '1+1 〉 2'의 효과를 가진 보충형 인수 등의 방식을 통해 해자를 넓히는 작업에 주의를 집중해야 한다. 이런 일들이 별로 특별하지 않아 보여도 경영진이 기업의 모든 부분을 장악하는 것이 필요하다. 그런데 대다수 기업에 전면적으로 능력이 뛰어난 경영진은 아주 부족하다. 그중에서도 경영진에게 특히 자본의 이성적 분배 능력이 시급하게 필요하다. 많은 기업의 경영자가 최고경영자로 발탁되는 이유는 대부분 어떤 한 영역에서 아주 뛰어난 성적을 보였기 때문이다.

하지만 그들의 지난 경력은 기업이 벌어들이는 자본 잉여에 대해서는 직접적인 책임을 질 필요가 없었다. 그런데 일단 CEO가 되면 반드시 자본 분배에 관한 결정을 해야 한다. 이것은 아주 중요하지만 그들이 한 번도 해보지 않은 일이다.

모든 경영자가 다 그런 건 아니지만, 자신이 자본 분배 능력이 부족함을 깨달은 경영자는 늘 직원이나 경영고문 또는 투자 은행가 사이를 돌며 도움을 청해서 자신의 부족함을 메우려 한다.

우리는 신문 머리기사에서 이 같은 '도움'의 결과를 많이 본다. 야심만만한 인수합병은 간혹 해결하기 힘든 조정과 결합의 문제가 함께 따라오기 마련이다. 예를 들어 인수합병을 통해 들어온 인재가 조직 환경에 적응하지 못하거나 관리의 어려움이 커지고 기업문화가 충돌하는 것들이다. 전 세계적인 대형 인수합병 사안이 성공적으로 마무리되는 비율은 정말로 그렇게 높지 않다.

계속 해자를 넓혀갈 수 있는 인재는 기업 내부에서 나오는 경우가 많다. 기반이 단단하고 안정적인 기업들에는 암묵적인 규칙이 있다. 바로 핵심 경영진은 반드시 내부에서 뽑아 올린다는 것이다.

우수한 기업은 인재의 업무, 보직 교대와 기업문화 배양을 아주 중시한다. 그를 통해 전면적인 능력을 갖추고 기업의 미래 방향을 이해하는 직원이 자신을 발현하고, 자신을 키우는 기회를 얻도록 해준다. 이런 인재는 보통 창업자와 이사회의 오랜 내부 관찰과 양성 과정을 거쳐야 한다. 그들은 기업의 업무 추진과 위기 해결 같은 어떤 계기를 통해 기업 내부와 동료들 사이에서 명망을 얻고, 천천히 발탁되어 이사회에 들어간다.

만약 이사회가 핵심인물을 뽑는 일을 서두르는 바람에 근시안적으로 선택한다면, 중대한 손실이 발생하고 심하게는 기업의 해자도 무너질 위기를 맞을 수 있다. 반면 신중하고 냉정하고 멀리 내다보며 판단해 이성적으로 일을 처리하는 관리자를 찾는다면 이사회도 중대한 사명을 완성할 수 있다.

경영진의 능력과 품행을 고찰하는 일은 투자자들이 쉽게 경시하는 부분이지만 사실은 아주 중요한 투자 과제이다. 왜냐하면 그들 경영진의 결정과 실행은 기업의 장래 경영 결과와 직접 관계가 있기 때문이다. 정확한 전략 전술의 배치로 기업이 몇 년간 큰 이익을 볼 수 있지만, 한 번의 충동으로 인한 잘못된 결정은 기업을 금방 위기로 내몰 수도 있다.

투자자는 계속 한 기업을 따라가며 살펴야 그 기업 경영진의 언행이 일치하는지, 업무 능력은 어떤지 분별하고 판단할 수 있다. 또 매년 계획은 예정대로 이뤄지고 있는지, 업무의 성패가 능력 때문인지 아니면 운인지, 경영의 중심이 해자를 확장하는 데 유리한지 알 수 있다. 경영진에 대한 인센티브와 주주 장려제도를 살피고, 외부 인수와 내부 자본의 계획을 통해 우리는 경영진과 주주들의 이익이 일치하는지 또 경영진이 자본 분배 능력이 출중하고 능숙한지 알 수 있다.

투자자들이 꿈에서도 바라는 경영진은 기업의 주인처럼 생각하고 행동하는 사람이다. 문제가 닥쳤을 때 진실을 추구하고 솔직하고 성실하게 임하며, 감성이 아닌 이성에 호소하고, 늘 해왔던 관성적 사고에 저항할 수 있어야 한다. 새로운 업무 분야를 개척하거나 중대한 인수합병을 진행할 때 그 기준은 현재 비즈니스의 수익률을 계속 낼 수 있는지가 그 판단 여부여야 한다.

이성적 관리자는 보고서에 떠다니는 시너지 효과의 시뮬레이션을 쉽게 믿고 움직여서는 안 된다. 새로운 업무를 위해서는 충분한 안전마진을 남겨두어야 한다. 이기는 군대는 먼저 준비 단계에서 이겨놓고 그다음

전쟁을 한다는 『손자병법』의 전략을 추구해야 한다. 만약 그런 업무 기회가 없다면 가장 좋은 선택은 이익 배당이고, 혹은 주가가 저평가되었을 때 주식을 환매하는 것이다.

설사 기업의 뒷마당에 굼뜬 두꺼비가 무릎까지 차오를 만큼 많다 해도, 많은 경영자, 즉 왕자는 여전히 자신의 입맞춤이 미래의 신비한 힘에 영향을 줄 것이라는 믿음에 차 있다.

ー 워런 버핏

우리는 비즈니스의 해자를 넓히기 위해 계속 노력해서 적의 침입을 막고 보호해야 한다. 그 때문에 경영 업무를 할 때는 자신의 가정에서 유일한 자산을 대하듯 해야 한다. 앞으로 50년 동안은 반드시 그것을 운영해야 하고 영원히 팔 수 없다고 생각하면 된다. 분할매도, 제조, 브랜드, 인수 등 온갖 방법을 다 동원해서 장기적으로 지속적인 경쟁 우위를 만들어내야 한다.

ー 워런 버핏

3. 시간을 알려주는 사람,
시계를 만들어주는 사람

성공한 기업의 경영자 대부분은 능력도 뛰어나고 지치지 않는 정력을 갖고 있다. 그들은 마치 멈추지 않는 영구 기관차처럼 기업을 이끌고 비즈니스의 바다에서 앞으로 나아가고, 중요한 시기마다 결정과 행동을 한다.

『성공하는 기업들의 8가지 습관』을 쓴 짐 콜린스(Jim Collins)는 이런 기업가들을 '시간을 알려주는 사람'에 비유했다. 시기에 대한 그들의 판단력은 놀라울 만큼 뛰어나서, 회사의 위아래 전부가 그의 판단에 따라 전심전력을 다해 움직인다.

기업가의 시간을 알려주는 능력 때문에 그에게 큰절할 만큼 우리가 감탄하고 존경한다고 해도 사람과 기업의 진화에는 어쩔 수 없는 차이가 존재한다. 장기적으로 보면 독립적 개체인 기업가가 실수를 범하지 않기란 매우 어렵다.

만약 이 사람이 시간을 알려주지 않고 대신 영원히 시간을 알려주는, 즉 그가 죽고 나서도 여전히 시간을 알려주는 시계를 만들어 준다면 더욱 감탄하지 않을까? 이 시계가 바로 기업을 장기적으로 존속하게 하는 시스템과 문화이다.

위대한 구상을 하거나 멀리 내다보는 선견지명을 갖춘 매력적인 지도자를 '시간을 알려주는 사람'에 비유할 수 있다. 반면 기업을 세우고 그 기업이 앞으로 어떤 지도자가 와도 계속 좋은 제품을 만들어내고 발전하도록 한다면 그 사람은 '시계를 만드는 사람'에 비유할 수 있다.

시간을 알려주는 사람   시계를 만드는 사람

월트 디즈니의 가장 위대한 장작은 미키마우스나 백설공주가 아니고 디즈니랜드도 아니다. 그의 가장 위대한 창작은 디즈니가 수십 년 동안 계속 쌓고 발전시킨 IP(지적재산권)의 배후에 있는 '모두를 즐겁게 하라'는 경영이념이다.

샘 월튼의 가장 위대한 창조는 월마트라는 상점과 물건이 아니라 수십 년 동안 하루같이 '매일매일 최저가'라는 소매업 이념을 지켜낸 고효율 조직이다.

이 때문에 만약 기업가가 기업 자체를 최종 창조물로 여기고 노력하기 시작한다면 이는 무엇을 의미할까? 이런 전환은 구체적인 비즈니스 경영에서 벗어나 다시 한 번 아웃사이더처럼 수많은 시간을 들여 조직 설계, 시스템, 장려책을 고민해서 안정적인 구조를 형성해 기업문화를 지속 성장하게 하는 것을 의미한다.

완전한 구조는 기업문화를 토대로 만들어진다. 아주 많은 상황에서 가장 좋은 시스템은 천재 같은 지도자의 구상에서 나오는 것이 아니라, 중심을 향해 움직이는 조직의 피드백이나 경청하는 자세를 지닌 일선 조직원의 지혜에서 나오기 때문이다. 충고와 간언을 널리 받아들이는 창업자는 부하 직원에게 시계를 만드는 역사적 과정에 함께 참여하라고 장려하는 경우가 많다.

미국 물류업체 페덱스(Fedex)의 인센티브 제도를 만드는 과정은 아래에서부터 위로 올라가며 참여해 시계를 만드는 일의 전형적인 사례이다. 페덱스 시스템의 핵심은 한밤에 모든 비행기를 같은 지점으로 모으는 것이고, 이는 화물 운송의 완전한 연결을 보장한다.

만약 전체 운영 과정에서 조금이라도 연착이 생기면 화물을 순조롭게 고객에게 배송할 수 없다. 그런데 과거의 페덱스는 늘 일을 그르쳐 물건을 정확한 시간에 배송한 적이 없었다.

이런 문제를 개선하고자 페덱스는 당근과 채찍을 병행하며 온갖 방법을 다 시도해보았지만, 하루 이틀 잠깐 좋아졌다가 다시 원래대로 돌아왔다. 그러던 어느 날, 누군가 아주 간단한 방법을 생각해냈다.

물건만 다 배송하면 직원은 바로 퇴근해도 된다!

만약 우리가 시간에 따라 임금을 지불하는 것이 아니라, 물건 배달 개수에 따라 지불하면 훨씬 나아지지 않을까?

회사는 그제야 깨달았다. 직원들이 더 많은 돈을 벌기 위해 천천히 움직여 일하는 시간을 길게 늘어트렸음을 말이다. 작업 효율성은 작업량에 따라 임금을 지불할 때보다 시간에 따라 지불하는 것이 훨씬 더 떨어졌다.

아주 작은 변화로 페덱스의 관리 목표와 직원들 장려책이 일치하게 되었고, 문제는 단숨에 해결되었다.

페덱스는 기업의 시스템과 문화를 형성하는 이 기회를 놓치지 않았다. 이 아이디어를 떠올린 영리한 직원을 바로 발탁했고, 일선 직원들이 업무 촉진을 높이는 건의를 할 수 있도록 장려하기 위해 회사는 다양한 항목의 인센티브를 만들었다. 이런 상금과 상품으로 직원들이 뛰어난 대책과 방도를 제안하도록 했고, 이를 통해 우수한 기업문화를 계속 유지해나갔다. 마침내 페덱스는 전 세계 특송 업계의 제왕이 되었다.

성공한 기업에 투자할 때, 종종 매력적인 경영자에게 설득당해 그를 믿고 투자하는 경우가 있다. 이때 우리는 시간을 길게 늘여 멀리 생각해볼 필요가 있다.

어느 날 경영자가 이 기업을 떠난다면, 기업의 해자는 계속 유지될 수 있을까?

위대한 기업을 만들어낸 창업자, 해자를 계속 유지하면서 쇠락하지 않고 회사를 계속 발전시킬 수 있는 기업가는 대부분 장기적인 시야로 이윤 그 이상을 추구한다. 게다가 초기부터 수하들의 맹목적 추종을 떨쳐버리고 기업 자체를 일생의 가장 뛰어난 작품으로 만들기 위해 매일매일 근면 성실하게 시계를 만든다.

동시에 그들은 시계를 만드는 일이 한 사람의 능력으로는 불가능하다는 것을 이성적으로 깨닫는다. 그 때문에 시스템을 바꿀 수 있는 개방적 문화를 만드는 데 특별히 심혈을 기울인다. 기업이 스스로 자율주행을 할 수 있도록 준비하는 것이다.

시계를 만드는 일은 위대한 포부와 집념은 물론 강한 집행력도 필요하지요!

월마트 설립자 샘 월튼이 다른 지도자들과 다른 핵심적인 차이는 그의 인간적 매력에 있는 것이 아니다. 그는 시간을 알리는 사람이 아니라 시계를 만드는 사람이라는 데 그 차이가 있다. 샘 월튼이 20살이 되었을 때, 그의 지향점은 대략 정해졌다. 그는 일생의 대부분을 월마트를 세우고 발전시키는 데 거의 다 쓰고 자신의 지도자적 모습을 보여주는 데는 쓰지 않았다.

— 짐 콜린스(Jim Collins)

내 상상 중에서 스스로 가장 만족해하는 견해는 이렇다. 적응력이 뛰어난 종(種)의 기원은 하늘이 특별한 능력을 부여한 창조의 본능 때문이 아니라 일종의 보편적 법칙의 수많은 작은 영향 속에서 진화가 일어났다는 것이다. 즉 증식하고 변화해서 최강자는 생존하고 최약자는 죽는다는 것이다.

— 찰스 다윈

4. 이윤, 그 이상을 추구한다

비즈니스를 하면서 이익을 추구하는 것은 사업하는 이의 본분이다. 하지만 역사적 통계나 주변의 현상을 살펴보면, 오로지 이익만을 추구하고 푼돈까지 쫀쫀하게 따지는 이들은 비즈니스를 오래도록 그리고 크게 하지 못한다는 것을 알 수 있다.

비즈니스 활동의 본질은 소비자를 위해 가치를 창조하는 데 있다. 소비자의 통점(痛點)을 이해하고 그것에 따라 경쟁 상대보다 훨씬 더 창조적인 해결방안을 제시할 수 있을 때 이익 모델은 안정될 수 있다. 좋은 기업은 창업기 구동 단계에서는 대부분 소비자의 핵심 요구에 초점을 집중할 수 있다. 단기적인 이익과 폐단, 득실이 장기적인 업무 발전에 유리하다면 전부 다 감당해낸다.

기업이 일정 규모로 발전하면 회사 조직 관리 문제의 내부 소모가 심해지고 이익구조가 복잡해진다. 또 외부 경쟁과 자본의 이익 추구도 근시안적인 행동을 부추기면서 기업문화는 점점 더 희석된다. 모든 기업이 다들 '소비자 지상주의(Consumerism)'라는 구호를 외치지만 그 초점에서 멀어지지 않을 수 있는 기업은 아주 극소수에 불과하다.

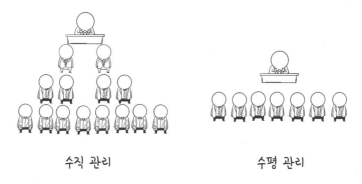

수직 관리   수평 관리

뛰어난 경영자는 끊임없이 관리와 시스템을 개선하면서 동시에 강제적인 제도의 한계를 깨닫는다. 좀 더 유연하면서도 예상하지 못한 상황에서 모든 업무와 관리를 할 수 있는 기업문화만이 관리할 수 없는 것들도 관리할 수 있다. 그리고 진정한 소비자 지향의 기업문화를 만들려면 반드시 이윤 그 이상의 것을 추구해야만 한다.

이 '추구하는 지점'은 통상적으로 창업자가 토대를 닦고 확립한다. 장기적 시야와 관념을 갖춘 경영진이 틀어쥐고 유지해나간다. 이 지점이 바로 뛰어난 기업과 위대한 기업으로 나뉘는 구분선이 된다.

소비자의 요구는 시시각각 변한다. 이 때문에 눈앞의 이익이라는 유혹을 버텨내지 못하고, 오직 비즈니스적 입장에서만 보는 기업은 결국은 경쟁 상대와의 싸움에만 빠져서 소비자의 미래와 진정한 요구는 소홀히 여기고 만다. 이윤 그 이상의 것을 추구한다는 가치관이 없는 기업은 위대한 기업이 될 가능성은 거의 없고, 이 비즈니스 게임에서 오래 그리고 영속적으로 남아 있을 수 없다.

물론 기업은 개인이 경영하는 것이니 위대한 기업이라 해도 절대로 변하지 않을 수는 없다. 좋은 기업문화를 만드는 것은 매우 어려운 일이라 반복적으로 이념을 전달하고 장려해야 한다. 또한 그렇게 만들어놓은 좋은 기업문화도 파괴되기가 너무 쉽다. 게다가 시간이 뭔가를 바꾸기도 해서 위대한 기업을 더는 그리 위대하지 않은 기업으로 만들기도 한다.

버크셔 해서웨이가 근 10여 년 동안에 주력해온 웰스파고(Wells Fargo)에 대한 투자를 살펴보면, 우리는 버핏이 핵심 투자를 고려할 때 기업문화의 우열과 변화에 상당한 무게를 둔다는 것을 알 수 있다.

2008년 금융위기가 일어나자 미국의 모든 대형 은행은 위험에 빠졌다. 전미 최대 소매금융과 상업은행인 웰스파고는 가장 손대기 어려운 문제에 직면했다. 바로 다수의 고객이 부동산 붕괴 이후 대출금 상환 중단을 결정했기 때문이다.

그런데 버핏은 파생상품이 이 금융위기의 핵심임을 알았다. 웰스파고는 상대적으로 온건하고 보수적인 기업문화를 갖고 있고, 소매 대출 자산이 분산되어 있어 다른 은행보다 파산할 확률이 훨씬 낮았다. 웰스파고의 금융 파생상품 총액은 5조 달러로 JP모건이나 씨티은행, 골드만삭스에 비하면 사실 아무것도 아니었다.

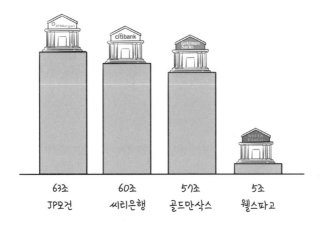

| 63조 | 60조 | 57조 | 5조 |
| JP모건 | 씨티은행 | 골드만삭스 | 웰스파고 |

우리가 이미 알고 있듯이 금융 파생상품 시장의 폭락 뒤에 유일하게 웰스파고만이 쓰러지지 않았고, 위기를 기회 삼아 와초비아(Wachovia) 은행을 인수해서 더 강대한 은행으로 성장했다.

기업마다 다들 한두 가지 멍청한 잘못을 범할 수 있다. 하지만 잘못을 범하는 빈도와 그로 인해 지불해야 할 대가는 크게 다르다.

웰스파고가 쓰러지지 않은 것은 경영진이 지난 몇 년 동안 파생상품이 가져오는 폭리의 유혹을 이겨냈기 때문이다. 엄청난 이익을 가져다주는 일을 포기하고 이처럼 독립적으로 자신들의 길을 가는 것은 이윤 그 이상의 것을 추구하는 기업문화가 없었다면 할 수 없는 일이다.

시간이 흘러 2016년이 되었을 때 웰스파고의 비합법적인 영업 스캔들이 터졌다. 매체 보도에 따르면 직원들이 거액의 인센티브를 얻기 위해 2011~2015년까지 고객 명의를 도용해 허위로 예금과 신용카드 세좌 200만 개를 만들었나.

그 사건이 일어나고 나서 웰스파고는 관련된 직원 5,300명을 해고하고 공개 사과와 함께 1억 8,500만 달러의 벌금을 냈다. 사건은 그렇게 마무리되는 것처럼 보였다.

하지만 이 일로 버핏은 웰스파고의 직원 인센티브 제도를 신랄하게 비판했다. 웰스파고의 판매 실적에 따라 인센티브를 지급하고 승급 및 승진을 시키는 구조가 직원들이 잘못을 범하도록 만들었다는 것이다.

은행은 높은 레버리지 업종으로 투자 가치에 대한 평가는 대부분 기업의 경영진과 그 기업문화에 대한 믿음에 따라 결정된다. 버핏은 미친 듯이 이익만을 좇는 문화가 은행에 침투했을 때 어떻게 끝장이 나는지 너무 잘 알고 있었다. 한동안 노력한 끝에도 그는 이 사회의 주장을 바꿀 방법이 없음을 확인하고, 30여 년간 보유하던 웰스파고의 주식 비중을 대폭 줄였다.

Key Point

기업이 오랫동안 성장할 수 있도록 지켜나가는 데 가장 어려운 부분은 제도가 아니라 기업문화이다. 경영자가 강하게 이끌고 나가는 영웅호걸식 지도자와 달리 좋은 기업문화가 침투한 조직은 오랫동안 해자를 유지할 수 있고, 기업의 구조를 완전하게 만들어 업무를 촉진한다. 사회 평균 이상의 이익을 얻고 건강하게 오랫동안 성장하는 것이 기업의 진정한 핵심 경쟁력이다.

이는 기업의 가장 핵심적인 도약 지점이다. 대부분 기업은 이 관문을 넘지 못해 점차 평범해지고, 투자자들이 우선 고려하는 투자 대상이 되지 못한다. 그런 이유로 투자할 만한 가치가 있는 기업은 정말로 적다. 우수한 비즈니스 모델을 갖고 있고, 뛰어난 경영진과 시스템이 해자를 지켜내는 위대한 기업은 한 시대의 선물이다.

물론 강력한 기업문화가 잘못을 범하지 않는다는 말은 아니다. 다만 확고한 기업문화를 가진 기업은 잘못을 범할 가능성이 상대적으로 낮고, 미리 발견해서 빨리 고칠 수 있다. 그리고 아이러니하게도 위대한 기업이 치명적이지 않은 한두 가지 잘못을 범해 시장에서 버려질 때가 가치투자자에게는 일생에 가장 행운의 순간이 된다.

뛰어난 창업자가 눈앞의 아득한 상황에도 곤혹에 빠지지 않는다면, 그는 확고하고 진중한 사람이다. 그가 본 긴 시간은 미래의 10년, 20년 심지어 자신의 생명을 초월한다. 초심을 견지하는 것은 자신의 생명과 책임에 집중하고, 가치관을 이윤 앞에 두는 것이다. 가치관을 지켜내는 것이 기업의 핵심이고, 이윤은 그저 올바른 일을 하고 난 뒤에 자연히 따라오는 결과이다. 그러니 단기적인 이윤과 장기적인 가치 사이에서 기업 가치관에 부합하는 선택을 해야 한다.

— 장레이(張磊), 가오링그룹(Hill house Capital) 창립자

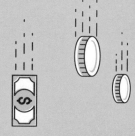

미스터 마켓의
지갑을 이용하라

1. 미스터 마켓의 유혹

채권 시장은 주식 시장보다는 훨씬 더 이성적이다. 채권의 이자는 대부분 발행 전에 약정하기 때문에 평가 역시 상대적으로 직선형이고 가치 등락이 그리 심하지 않다.

주식 평가는 채권 평가와 비슷하고 배당금이 바로 채권의 이자 같은 것이다. 기업의 이익이 매년 5% 이상의 속도로 성장할 수 있다면 그것은 일종의 수익 보장 채권과 같다고 할 수 있다.

이익을 창출할 능력이 시간에 따라 끊임없이 증가할 때, 기업의 잠재가치도 계속 올라가고 주가와 기업의 시장 가치 상승도 발생한다. 만약 주식을 현금화하기 좋은 상황이 지속된다면 또 새로운 동력이 나와 주가를 한층 더 끌어올릴 것이다.

상승한 주가는 사람들 마음속에 있는 낙관주의 경향을 자극할 때가 많다. 이런 때 주식 시장에는 '렘브란트 효과'도 더해지기 마련이다. 렘브란트 효과란 지금까지 계속 가격이 올랐으니 앞으로도 계속 오를 것이라 확신하는 심리를 말한다. 주식은 더 많은 유동성과 매수자가 나타나고 심지어 상상의 공간으로 마구 달려간다.

그런데 상황이 역전되었을 때 주가는 빠르게 하락하고, 더 많은 매도자가 나오며, 시장의 수요는 순식간에 증발해 거품은 꺼져버린다. 기업의 내재가치도 하락하고 저평가의 상황이 벌어진다.

그때 우리는 한 가지 사실을 깨닫게 된다.

주가는 모든 시장에서 매도와 매수 역량이 충돌한 뒤에 나오는 종합 반응일 뿐이라는 것이다. 주가의 상승과 하락의 한순간은 그저 경계상에 있는 개인의 행동이 결정한다. 주가의 추세는 그리 대단한 의미가 없음을 알게 된다. 장님 코끼리 만지듯 고지식하고 융통성 없는 투자자는 대부분 상상력에 기대어 투자할 뿐이다.

특히 시장이 비이성적인 상승세나 하락세에 진입했을 때, 시장은 근시안적인 단기투자자가 넘쳐나고 탐욕과 공포가 곳곳에 만연하게 된다. 우리는 이런 시장의 분위기에서 반드시 뛰쳐나와야 한다. 버핏은 이렇게 충고했다.

"우리가 이용해야 할 것은 미스터 마켓의 지갑이지 그의 지혜가 아닙니다. 이때의 미스터 마켓은 멍청하기 그지없습니다."

근시안적으로 미스터 마켓을 추동하는 힘은 기본 공력이 부족한 개인 투자자뿐만 아니라 총명한 두뇌 집단인 전문기관도 포함한다. 그 원인은 그들의 자금원은 단기적으로 그들의 실적이 떨어지는 것을 허락하지 않기 때문이다. 단기적 시험에 든 기관은 때로 개인 투자자보다 더 가치투자에 어긋나는 결정을 하기도 한다.

이 때문에 투자자는 분명하게 인식해야 한다.

투자 이익률을 결정하는 것은 자산의 매입가가 저평가되었는지에 달려 있음을 말이다. 자신의 대략적인 인지로 주식이 저평가되었을 때 주식 포트폴리오를 구성하는 것이 미스터 마켓이 광기에 빠졌을 때 전문 투자기구에서 도움을 받는 것보다 훨씬 더 낫다.

좋은 기업의 주식을 사는 가장 좋은 기회는 다른 이들이 아무 생각 없이 주식을 투매할 때다. 이렇게 황금비가 내리는 시기는 몇 년에 한 번씩 반드시 나타나고, 천재일우 같은 위기도 8~10년에 한 번은 폭발한다.

설사 나심 니콜라스 탈레브(Nassim Nicholas Taleb)가 말한 '블랙 스완(The Black Swan)'이 반드시 온다고 확신한다 해도 기회를 기다리는 과정에서 투자자는 초조할 수밖에 없다. 앉아서 아무것도 하지 않는다는 것은 분명 무척 어렵고 힘든 일이다. 하지만 배당률이 아주 높은 일이라면 더욱 이성적으로 해야 하고, 버핏조차도 어려운 일이라 했으니 우리는 더욱 도전해볼 가치가 있다.

만약 다른 사람들이 이토록 자주 실수를 범하지 않았다면 우리는 부유해질 수 없었을 거야.

기회는 매번 올 때마다 창문을 열지만, 그 지속 시간은 그리 길지 않다. 시장 붕괴 시의 행동력에는 비즈니스 방식과 경영 전망에 대한 통찰력이 필요하고, 추세를 거슬러서 움직이는 용기와 지탱할 수 있는 강대한 심리적 지지가 더욱더 필요하다.

지금 당신의 승산은 아주 높습니다. 사들여야 할 시기이지요.

사람이 여전히 시장의 주체로 있는 한 미스터 마켓은 변하지 않는 이론
이다. 전문 투자기관의 투자자라고 해도 투자 실적 심사의 영향을 받는
다. 그로 인해 근시안적으로 시장을 맹종하게 되고, 그다음 발걸음은 미
스터 마켓의 영향에 따라 움직이고 만다.

미스터 마켓을 이용하고 그에게 영향을 받지 않을 수 있다는 전제는 자
금의 독립성과 장기성이다. 이는 개인 투자자가 가진 가장 큰 강점이다.
이를 통해 영리하게 선택적으로 돈을 걸어, 강대한 투자기관을 물리쳐야
하는데 오히려 자신들의 강점을 헌신짝같이 버리니 안타깝기 그지없다.

이게 원래 우리
개인 투자자들의 가장
큰 강점입니다.

장기성   독립성

'미스터 마켓'은 벤저민 그레이엄의 이론에서 가장 대단한 개념이다. 그레이엄은 시장은 전혀 효율적이지도 않고, 변덕이 아주 심한 조울증 환자라고 했다. 어느 날 미스터 마켓이 이렇게 말한다.

"싸게 팔 테니 내 주식을 사세요."

또 어느 날은 이렇게도 말한다.

"당신의 주식을 비싸게 살 테니 내게 파세요."

그래서 당신에게는 주식을 더 살지, 아니면 손에 있는 것을 팔아 치울지, 아무것도 하지 않을지 결정할 기회가 있다.

– 찰리 멍거

만약 어느 날, 미스터 마켓이 멍청함의 극치를 보여준다면 당신은 그냥 그를 무시하거나 이용하면 된다. 그런데 만약 당신이 미스터 마켓의 영향을 받았다면 이제 곧 큰 어려움에 빠지게 된다. 솔직히 말하면 당신이 미스터 마켓보다 기업의 가치를 더 잘 안다고 확신하지 못한다면 이 게임에 참가하지 않는 것이 가장 좋다.

– 워런 버핏

2. 순환하는 경제 주기에
기회를 잡는 법

자, 투자 대가들의 발걸음을 따라가 버크셔 해서웨이가 미스터 마켓을 이용해 거둔 놀라운 성공을 한번 돌아보자.

지난 50여 년 동안 멍거와 버핏이 경제 상황의 쇠퇴와 주식 시장의 붕괴를 이용해서 파산할 수밖에 없던 방직공장을 세계에서 가장 뛰어난 실력을 지닌 투자지주회사로 만들었다.

1973년 미국은 1차 석유파동을 겪었다. 그 충격적 쇠락은 장장 24개월을 끌었고, 다우존스 지수는 무려 45% 하락했다. 주식 시장이 폭락한 와중에 버핏은 아주 낮은 가격으로 『워싱턴 포스트』지 그룹의 주식을 매수했다. 매수 이유는 가치가 4억 달러에 달하는 기업이 당시 겨우 8,000만 달러에 불과했기 때문이다.

1978~1980년 당시 미국 연방준비제도이사회(FRB) 의장 폴 아돌프 볼커(Paul Adolph Volcker)가 여러 번에 걸쳐 이율을 높여 악성 통화팽창에 대처하고 있을 때, 버핏은 시장에서 저평가된 좋은 기업을 바쁘게 사들이고 있었다. 제네럴 푸드(General Food), RJ 레이놀즈 타바코(RJ. Reynolds Tabacco.), 『더 타임스(The Times)』 등이었다.

1987년 10월 주식 시장의 대폭락은 버크셔 해서웨이가 지난 수십 년간 호시탐탐 살 기회를 노리던 코카콜라의 주식을 살 수 있게 해주었다. 혼돈의 주식 시장을 틈타 코카콜라 주식 매입은 계속 이뤄졌고 버크셔 해서웨이의 자금이 고갈될 지경에 이르러서야 멈췄다.

1990년 미국 은행업계는 부동산 시장의 불황으로 수많은 중소 은행과 저축 기관의 파산을 맞이했다. 캘리포니아 부동산 시장의 침체를 우려한 투자자들 때문에 결국은 웰스파고까지 끌려 들어가 큰 타격을 입었다. 이때 버핏은 당시의 상황이 웰스파고에 미치는 충격은 단기적이라 판단했고, 그 기회를 잡아 웰스파고의 주식을 대량으로 사들였다.

21세기 초, 인터넷 거품으로 과학기술 관련 주가가 폭등했다. 당시 그 누구도 오래된 굴뚝 기업을 원하지 않았지만 버크셔 해서웨이는 오히려 그 기회를 타고 데어리 퀸(Dairy Queen), 제너럴 모터스(General Motors. GM), 넷젯(Net Jets) 등 전통 업종의 선두 기업들 주식을 사들였다. 인터넷 거품이 꺼지고, 9.11 테러의 충격 상황에서도 버크셔 해서웨이는 계속 통관회사인 H&R 블록(H&R Block)과 무디스 코퍼레이션의 주식 비중을 계속 늘렸다.

2008년 미국의 서브프라임모기지 위기는 최근에 일어난 가장 심각한 경제 붕괴 상황이었다. S&P 500지수는 54%나 하락했다. 버크셔 해서웨이 사무실의 전화는 주말과 심야를 가리지 않고 끊임없이 울려댔다. GE(Generl Electric Company), 할리데이비슨(Harley Davidson), 뱅크오브아메리카(Bank of America), 골드만삭스 등에서 도움을 요청하는 전화가 빗발쳤고, 이는 현금이 충분한 버크셔 해서웨이에게 전부 다 엄청난 비즈니스 기회였다.

경제 주기는 어째서 피할 수 없을까? 그 원인은 레버리지 수준이 아주 높은 은행 체계와 투기 광풍이 함께 뒤섞여서 대량의 불안정한 투자 거품이 일어나도록 촉진하기 때문이다. 그 거품은 얼마 동안 계속되든 상관없이 언젠가는 꺼질 수밖에 없고, 이는 경제 전체의 붕괴를 초래한다.

경제의 쇠퇴나 붕괴는 사실 이미 가치투자자의 매입 전략에 들어가 있다. 버크셔 해서웨이가 시장의 과열 단계에 거액의 현금을 준비해놓고, 광란에 참여하지 않고 조용히 쇠퇴나 붕괴가 가져오는 절호의 기회를 기다리고 있는 것처럼 말이다.

주기성 금융위기는 시장의 본성이지요.

경제 주기가 미치는 영향은 아주 복잡하다. 거시경제는 물론 기업의 이익, 신용대출의 주기와 투자자의 위험 선호 등의 주기도 포함된다. 대부분 경기의 부침이 극단에 달하면 주식 시장과 마찬가지로 그 위치를 판단하는 것이 불가능하다. 찰리 멍거의 말과 같다.

"거시경제는 우리가 받아들여야 하는 변수이고, 미시경제는 우리가 하는 사업이다."

하지만 경제 주기가 다양한 요소와 함께 흔들리는 단계에 들어가면 장기 투자자는 시장의 가치 평가 수준과 참여한 이들의 자만심 정도를 관찰해 주기가 역전하는 현상을 발견할 수 있다. 그리고 정부의 경기부양 시기에 미리 시장을 떠나 미래 투자를 위한 자금을 준비하면서 인내심을 갖고 시장의 변화를 기다리면 된다.

만물의 주기가 있는 것이 얼마나 중요한지 명심해야 한다. 주기에 대해 내가 단
언할 수 있는 것들은 별로 없지만, 다음의 말은 진짜라고 확신한다.
먼저 주기는 결국에는 언제나 이긴다는 것이다. 나무가 아무리 자라도 하늘에 닿
을 수 없듯 그 어떤 것도 영원히 한 방향으로 발전해나갈 수 없다. 당신이 미래를
예측할 수 없다 해도 준비는 할 수 있다.

— 하워드 막스(Howard Marks)

3. 가용자금을 준비한
버핏의 놀라운 반전

'안전마진'은 가치투자에서 널리 인정받는 요소 중 하나이다. 안전마진은 곧 기업의 가치라 할 수 있다. 가격의 상대 가치가 낮을수록 안전마진은 높아진다. 또 안전마진은 기업의 질(質)을 가리키기도 하므로, 기업의 펀더멘털 예측에 대한 확실성이 높아질수록 안전마진도 높아진다.

만약 적당한 가격으로 펀더멘털이 양호한 주식을 가질 수 있다면, 안전마진이 그 주식을 장기적으로 계속 보유하고 있는 동안에는 중대한 손실을 보지 않도록 보호해준다. 그리고 우리가 손실에 대한 확률과 폭을 제어할 수 있다면 의외의 상황은 우리에게 유리한 방향으로만 나타나고, 수익률도 큰 기쁨을 안겨줄 것이다.

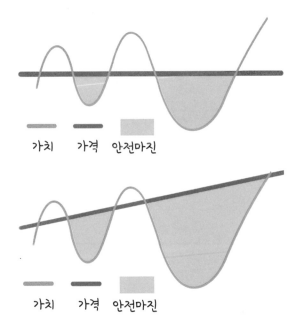

가치　　가격　안전마진

가치　　가격　안전마진

그렇다면 가치 평가와 기업의 질 중에서 어느 것이 안전마진의 진짜 핵심일까?

버핏은 이렇게 말했다.

"정확하게 틀리는 것보다 대충 맞는 것이 낫습니다."

버핏의 이 말도 바로 재무제표상의 저평가만 추구하느라 비즈니스의 본질을 무시해서는 안 된다는 충고를 담고 있다. 비즈니스 모델이 평범한 기업은 가치 평가에서 넉넉한 보충 공간을 얻는다고 해도 시간이 갈수록 복리도 평범해지고 결국은 가치 함정에 빠지고 만다.

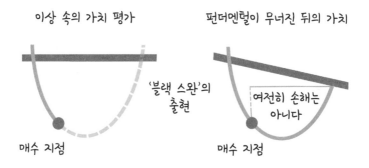

그러므로 장기적으로 보면 안전마진은 기업의 질에 더 치중되어야 한다. 이런 현실은 투자자가 가능하면 더 좋은 비즈니스에 투자하도록 이끈다. 미래 현금흐름의 확정성을 판단하는 것이 특히 더 중요하다. 만약 당신이 자산 청산 전문가가 아니라면 말이다.

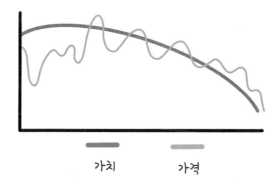

시장의 경쟁이 극렬해지면서 새로운 난제가 또 나타났다. 전망이 밝고 확정성이 높은 비즈니스에서는 가치투자자가 오래 기다린다

하더라도 가치 평가상의 안전마진을 충분히 획득하기가 어렵다는 것이다.

'위기가 가치 평가상의 안전마진을 창조하길 인내심을 갖고 기다릴까? 아니면 이익 기대치를 낮춰 싸지는 않지만 좋은 기업의 주식을 살까?' 하는 고민이 기회비용의 난제가 된다. 그리고 이런 난제에서 투자의 대가(大家)조차도 실패한 적이 있다.

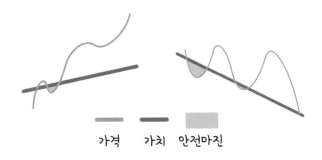

가격   가치   안전마진

1960년대 초로 시간을 돌려보자. 멍거와 버핏 모두 자신만의 헤지펀드를 갖고 있었다. 당시의 미국 주식 시장은 미친 상승장(Bull Market)이라 모든 주식 가격이 지나치게 높은 상황이었다.

당시 그레이엄의 투자 방식을 따르던 버핏은 가격이 저평가된 주식은 거의 없다는 것을 알았다. 그래서 자신의 헤지펀드를 청산해 자금을 파트너에게 돌려주고 안전마진이 오기를 끈기 있게 기다렸다.

반면 멍거는 계속 주식에 투자했다. 멍거는 기업의 질적인 부분
의 안전마진을 더욱 중시했기 때문에 비싸다는 이유로 장기 발전
전망이 뛰어난 기업의 주식을 쉽게 팔고 싶지는 않았다.

그때 1973년 1차 석유파동이라는 블랙 스완이 갑자기 발생해
주식 시장이 크게 폭락했다. 좋은 기업도 마찬가지로 폭락을 피할

수 없었다. 대량의 현금을 보유하고 있던 버핏은 그야말로 물 만난 물고기였다. 버핏은 저평가된 좋은 기업의 주식을 마구 사들였지만 멍거는 아무것도 살 수 없었다. 멍거에게는 쓸 수 있는 현금이 전혀 없었기 때문이다.

주식 시장이 바닥에서 점차 회복세로 올라오면서 멍거의 투자 이익률도 회복하기 시작했다. 하지만 시장이 뜨겁게 달아올랐을 때 용감하게 물러나 주도적으로 가용자금을 남겨두지 않아서 시장이 최저로 평가되었던 가장 좋은 시기를 놓친 것은 그에게 뼈아픈 일이 되었다.

주식 대신 여유자금을 많이 보유하는 것은 처음에는 투자 수익률이 낮을 수 있다. 하지만 어느 시기에 합리적인 가격의 좋은 기업을 찾기만 하면 오랜 기간 풍성한 이익을 얻을 수 있다. 2020년 6월 말, 버크셔 해서웨이는 1,300억 달러의 현금을 보유하면서 적당한 거래 기회가 나타나길 기다리고 있다.

가치투자의 중대한 특성 중 하나가 '역발상 투자'라는 점이다. 하지만 역발상 투자를 하려면 이성적으로 확률과 손해율을 평가할 수 있어야 하는 것은 물론 독립적인 성격과 강한 심성이 필요하다. 또한 이성적으로 블랙 스완이 언제나 존재한다는 것을 의식해야 한다.

광기의 상승장에 취해 사람들은 다들 미스터 마켓과 함께 춤을 추며, 지금의 경기가 주기를 넘어서 계속될 것이라 믿어 의심치 않는다. 하지만 가치투자자는 바로 이때 조금씩 몸을 일으켜서 천천히 뒷문으로 빠져나가야 한다. 시장의 발길질에 밟히는 희생양이 되지 않으려면 말이다.

투자자는 '손해 보지 말자'라는 한마디를 금과옥조처럼 가슴에 새겨야 한다. 위험을 피하는 핵심은 이성적 사고다. 특히 시장이 뜨겁게 달아올랐을 때는 더욱 그렇다. 설사 기회비용의 균형을 이룬 뒤에 기업의 훌륭한 질에 판돈을 걸고 오래 보유하기로 했다고 해도 기업과 비즈니스 각 방면에 대해 반복해서 조사해야 한다. 진짜 좋은 기업은 단기간에 자신의 가치만큼 주가가 오르게 마련이다.

투자에서 가장 큰 위험은 위대한 기업을 잘못 평가하는 것으로, 기업은 그로 인해 더는 위대하지 않게 될 수도 있다.

놓치고 싶지 않은 큰 기회 앞에서
실력을 제대로 발휘하고 싶다면,
지금 물러나는 것이 더없이 좋지요.

내재가치는 장기적인 투자 수익을 결정하는 주요한 요소이다. 그런데 투자의 목적은 일반적으로 공정한 가치에 맞게 사들이는 것이 아니라 안전마진 안에서 구매하는 것이다. 내재가치는 공정한 가치를 반영한 추산일 뿐 정확한 숫자가 아니다. 따라서 안전마진은 실수나 불행을 대비해 준비해놓는 쿠션 같은 것이다. 만약 이 원칙을 어기고 안전마진 없이 투자한다면 자본의 영구적 손실이라는 위험을 만날 수 있다.

— 제임스 몬티에르(James Montier)

대다수 사람과 비교했을 때 우리는 아주 작은 확률의 사건도 훨씬 더 신중하게 고려하고 금융계의 대사건에 대해서도 충분한 준비를 한다. 금융 시장은 그 자체의 결함이 있기 때문에 우리는 늘 대비하고 예방하며 준비를 한다. 하나는 내가 다치지 않기 위해서, 또 다른 하나는 기회를 찾아 그 속에서 큰돈을 벌기 위해서다.

— 워런 버핏

아주 중요한 포인트 하나를 말한다면, 투자자는 '절대로 큰 손해를 볼 수는 없다'고 생각하는 성향이나 사고를 반드시 지녀야 한다. 우리가 얻을 좋은 기회가 결코 다른 이들이 좋은 기회를 잡아서 버는 돈보다 많을 수는 없다. 하지만 우리는 손해를 적게 본다. 우리는 단 한 번도 1보 전진에 2보 후퇴를 하는 상황을 만든 적이 없다. 설사 후퇴한다고 해도 아주 조금 물러날 뿐이다.

— 워런 버핏

4. 매수를 결단하는 순간

시장이 피로 강을 이루거나 사람의 흔적이 사라졌을 때, 그때가
바로 기회가 가장 큰 시기다! 좋은 기업에 투자할 기회가 왔을 때
투자자가 유일하게 해야 할 정확한 대응 방식은 다음과 같다.

단 한마디!
쏟아부으세요!

집중
투자하세요!

하지만 대다수 투자자는 절호의 기회가 자기 앞에 왔는데도 보기만 할 뿐 선뜻 나서지 못한다. 시장이 바닥을 쳤을 때는 주식 시장과 경제에 관한 나쁜 정보가 넘쳐나는데, 이런 정보들이 투자자의 약한 신경 옆에서 폭탄처럼 터지기 때문이다. 가장 예측이 필요할 때 투자자는 '심리회계장부"라는 착오에 빠져 깨닫지 못한다.

현재 상황은 나중에 돌이켜 볼 때처럼 그리 단순하지가 않다. 충분한 이성적 판단과 지식이 뒷받침되지 않으면 투자자는 완전히 잘못된 방향으로 갈 수밖에 없다. 가장 득실을 따지지 말아야 할 때 득실을 따지고, 손실을 확인하지 말아야 할 때 손실을 확인한다.

자신과 다른 투자자들의 주식계좌가 계속 마이너스인 것을 보면 공포가 극에 달해서 투자자는 결국 손실제한(Stop Loss)이나 펀드를 정리할 결심을 한다. 그때부터 시장이 점차 회복하면서 얻을 수 있는 수익과는 멀어진다.

기회를 놓치는 또 다른 원인은 투자자에게 맑은 날에 지붕을 수리하는 준비된 자세가 없기 때문이다. 배당률이 평범할 때 충분한 가용자금을 준비해두지도 않고 대다수 펀드도 시장에 뒤처지지 않으니 그냥 집중 투자를 유지하고만 있다.

심지어 부채를 끌어다가 레버리지 투자를 한 일부 투자자들은

＊   심리회계장부는 경제학에서 아주 중요한 개념 중 하나이다. 소비자에게 마음속의 장부가
　　존재해서, 종종 아주 단순한 경제 계산 법칙에도 어긋나는 결정을 하고, 그로 인해 비이성
　　적인 소비행위가 많이 일어난다는 개념이다. 분명 같은 액수의 지출이나 이익을 얻는데
　　이것을 구분해서 각각 다른 장부에 기록하게 된다.

일단 시장이 하락해서 주식계좌가 손실제한선 가까이 가면 불빛에 놀란 사슴처럼 두려움에 벌벌 떤다. 그러니 더 낮은 가격으로 주식을 살 기회를 잡을 생각은 하지도 못한다. 설사 양손 가득 현금을 쥐고 있는 투자자도 더 완벽한 저가 매수를 하겠다는 집념 때문에 좋은 기회를 놓칠 수도 있다.

기업의 가치 평가가 이미 모두가 만족할 만한 수준까지 하락한 뒤에도 일부 투자자는 여전히 더 낮은 가격, 바닥까지 완전히 떨어지기를 바라며 기다린다. 이런 잘못은 탐욕이라는 겉옷을 두르고 있지만 사실 그 근원은 공포심이다. 아는 것이 부족해서 주변 분위기에 영향을 받는 것이다. 투자자가 더 낮은 가격을 기다리다가는 아마도 좋은 봄날은 다 놓치고 말 것이다.

모든 투자자나 투자기관이 자금이 없거나 혹은 자금을 넣을 배짱이 없어 주저할 때, 바로 가치투자자가 전면에 나선다.

매수를 결단하는 순간이 바로 가치투자자가 빛을 발하는 때이다. 매수의
대상과 가격이 미래 투자의 수익을 결정하기 때문이다. 가용자금을 준비
하고 기다리는 동안 시장의 무정한 비웃음을 받던 가치투자자가 마침내
문을 박차고 나가 시장의 기회를 잡아채는 것이다.

이때 가치투자자는 마음속 두려움을 극복하고 이성을 유지해야 한다!

기회가 왔을 때, 똑똑한 투자자는 대대적으로 베팅한다. 그들은 승산이 있을 때는 크게 걸지만 그 외에는 절대 그렇게 하지 않는다. 아주 간단하다. 승산이 크지 않으면 일찍 손을 빼고, 승산이 분명하면 과감하게 뛰어드는 것이다.

— 찰리 멍거

우리는 건초 더미에서 바늘 찾기 같은 일은 하지 않는다. 우리는 건초 더미같이 큰 기회를 좋아하지, 바늘처럼 발견하기 어려운 기회는 좋아하지 않는다. 우리는 기회가 앞에 와서 소리쳐주길 바란다. 진짜 기회는 한눈에 다 들어온다.

— 워런 버핏

시장이 폭락한 다음에 하는 투자는 엄청난 머리싸움도 깊은 투자지식도 필요 없다. 유일하게 필요한 것은 다른 이들이 두려워서 어찌할 바를 모를 때, 그저 믿음을 갖고 과감하게 해야 할 행동을 결연히 하는 것이다. 논리적 사고의 인도를 따르고 감정의 간섭을 받지 마라. 이는 아주 간단한 듯 보이지만 누구나 할 수 있는 일은 아니다. 위기 앞에서 태연하고 침착한 자만이 좋은 기회를 잡을 수 있다.

— 워런 버핏

5

투자에 실패하는
사람들의 공통점

1. 쉽게 믿고
맹목적으로 따른다

자, 이제 투자의 원점으로 돌아가서 아래와 같이 생각해보자.

인덱스펀드에 투자한다. 즉, 상장 기업을 모아놓은 펀드에 투자하는 것이다. 투자자는 생업에 집중하며 주가 변동에 신경 쓰지 않으면서도 평균 이익을 얻을 수 있다.

이들은 여러 경제 주체 중에서 승자들이다. 그들의 평균 이익이 명목상의 GDP를 초과하는 것은 너무나 당연한 일이다. 투자자가 이 점만 깨닫는다면 아주 간단한 선택을 통해 높은 지적 수준이 필요한 고민이나 특별한 노력 없이도 복리가 불어나게 할 수 있다.

장기적으로 손해를 볼까? 절대로 그렇지 않다,

이 간단한 결론은 논리적으로 딱 들어맞는 사실이다. 아무리 조

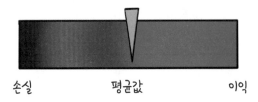

손실   평균값   이익

사해도 전혀 문제가 없고, 역사를 돌아봐도 그 논점은 완전하게 성립된다.

이 순간 중국 주식 투자자들은 어쩔 수 없이 가슴 아프고 원망스러운 사실을 마주할 수밖에 없다. 그 논리가 사실이라면 지난 10년, 20년간 중국 주식 시장에서 투자자는 어째서 80~90%가 손실을 보았을까?

이는 쉽게 믿는 맹목적인 투자가 그 원인이다.

자, 이제 투자자가 어떻게 이성을 상실하는지 추론해보자.

투자자의 대부분은 주식 시장을 그리 열심히 연구하지 않는다. 그들은 주식 시장 밖에 있다가 주식 시장의 열기가 타오를 때야 이끌려 들어간다.

급하게 뛰어든 그들은 기업 선택이나 가격 평가, 시장의 변동에 대한 대응 같은 투자 이념에 대해서 아는 바가 거의 없다.

이때의 주식 시장은 상장한 기업의 모든 자산이 몰린 곳으로 이미 싸다고 할 수 없고, 오히려 고평가되어 있어 투자자가 시작하기

투자자가 전체적으로 손실을 보는 가장 직접적인 원인은 바로 잘못된 시기에 들어갔기 때문이지요.

에는 불리하다. 하지만 무식하면 용감한 법이다.

몇 번의 작은 이익을 맛보고 난 뒤에 투자자는 차익 실현을 위해 맹목적으로 덤벼들기 시작한다. 그들은 들려오는 정보를 제대로 분석하지도 않는다. 기업의 펀더멘털을 연구하는 일도 갈수록 쓸데없어 보이고, 주가가 오른 것은 다 좋은 기업이어서 그렇다고 생각한다. 투자자는 그렇게 한 걸음 한 걸음 자신을 위험 속으로 밀어 넣는다.

아름다운 풍경이 험준한 봉우리 위로 펼쳐지면 투자자는 노련하고 오래 투자해온 주식 투자자들의 충고를 듣지 않은 것을 경축하기 시작한다. 그들 자신의 투자 전적이 분명하게 보여주듯 자신들은 생업 때문에 방해를 받는 투자 천재라 여긴다. 치고 빠지는 수익률이 지수를 따르지 못하지만 그래도 수익은 상당해서 몇 년 치 임금을 넘어서려 한다. 그들은 이런 상황이 계속되리라 상상한다.

뭘 기다려? 추가 매수를 해! 돈이 없어? 집을 팔아! 시간이 없어? 전업 투자를 해!

그래서 투자자는 주가가 점점 더 비싸지는 상황에서 더 많은 자금을 투입하고, 투입한 자금이 많아질수록 묶어둔 주식이 많아진다. 욕망의 깊은 골은 메우기가 쉽지 않고, 아무리 돌아보라 충고해도 꿈쩍도 하지 않는다. 앞에서 얻은 장부상의 이익은 몇 차례 투입한 원금에 비하면 보잘것없는 금액이다. 이제 개인과 가정의 운명이 선로 위에 그대로 노출되고 만다.

시장이 아무렇지 않게 조정에 들어가면 펀더멘털이 좋지 않은 기업의 하락 폭은 시장 지수를 훨씬 더 초과한다. 그 순간 시장은 앞에서 잠깐 얻었던 모든 이윤을 전부 다 몰수해가고, 투자자의 재무 안전망과 심리적 방어선을 무너뜨려 버린다. 마지막에 진상이 드러난 것처럼 원금은 점차 사라지기 시작하고 주식 시장의 흉악한 얼굴이 그 모습을 드러낸다.

- 1,000만 원

쉽게 믿는 맹목적인 투자자는 결국에는 주식 시장의 실패자가
될 가능성이 크다.

그들은 막 꿈에서 깬 듯 주식 시장의 낙폭 사이에서 느끼는 기쁨
과 슬픔이 전혀 현실감 없는 감정임을 깨닫는다. 마치 흥분하고 낙
담하는 일종의 생리 화학적 반응처럼 그저 흘러가는 대로 따라가는
것일 뿐 이성적인 행위가 아니다.

오호통재라! 마지막에 손실을 보는 것은 단순한 경제적 부가 아

아! 실패가
너무 크다.
나는 정말
루저야!

니다. 더불어 시간과 생활과 직업, 기회, 가족애, 우정을 잃는 것이
고 가장 중요한 것은 인생의 신념을 잃는 것이다. 아주 많은 사람이
이로 인해 넘어져서 다시 일어나지 못하고 만다.

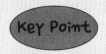

Key Point

성숙한 해외 주식 시장에 비해 중국 A주 투자자는초기 시장의 불안정성에 대한 두려움을 느끼며 시장에 들어온다. 그래서 쉽게 믿고 맹목적으로 움직이는 현상이 훨씬 더 보편적이다. 모호한 정보 앞에서 투자자는 '그것이 사실이라고 믿겠다'와 '일단은 하고 나서 나중에'라는 마음으로 이끌리기 마련이다. 그래서 불길에 뛰어드는 불나방처럼 죽음을 자초하는 일을 벌인다. 중국에서는 심지어 오바마가 당선되자 오쿠마(ACUMA)[*] 주가가 상승하고, 트럼프가 당선되자 촨다즈셩(川大智胜)^{**}의 주가가 오르는 기이한 일이 생기기도 했다.

---

*   1987년에 설립된 중국 가전기업. 2000년 상하이에서 상장했다. 회사 이름이 오바마와 비슷하다고 주가가 올랐다.

**   중국의 소프트웨어 기업으로 2000년에 설립되어 2008년에 상장했다. 역시 트럼프의 중국 한자명이 촨푸(川普)라서 이 기업의 주가가 올랐다.

하지만 시장 자금의 기구화와 관리 감독이 엄격해지면서 비이성적 현상이 점점 더 줄어들었다. 2018년부터 2020년 6월 말까지 중국의 상승 시황을 보면 55%의 개별 주식이 주가지수의 상승 폭을 따라가지 못했다. 질이 좋지 않은 기업은 결국은 버려지는 바둑돌이 된다. 그리고 원시적 본능의 지배를 받아 쉽게 믿고 행동하는 투자자는 자신의 비이성적인 행위에 대한 대가를 치른다.

한 석유 투기자가 죽어서 천국에 이르자 입구에서 베드로가 그를 막으며 나쁜 소식을 전했다.

"당신은 이곳에 들어갈 자격이 충분합니다. 하지만 보시다시피 석유 투기자의 자리는 이미 차서 이젠 들어갈 수가 없어요."

그러자 석유 투기자는 한동안 생각에 잠기더니 베드로에게 말했습니다.

"제가 저 사람들에게 한마디 외쳐도 되겠습니까?"

베드로는 나쁜 일은 아닌 것 같아 허락했다. 그러자 그 투기자가 크게 외쳤다.

"지옥에서 유전이 터졌다!"

그 말이 떨어지자마자 천국에 있던 모든 석유 투기자가 우르르 쏟아져 나오더니 바로 지옥을 향해 달리기 시작했다. 놀란 눈으로 지켜보던 베드로가 그를 천국 쪽으로 안내하며 어떻게 지내면 되는지 설명하려 했지만 그는 걸음을 움직이지 않고 베드로에게 말했다.

"아닙니다. 저도 저들을 따라 지옥으로 가봐야겠어요. 소문이 진짜일 때도 있거든요. 혹시 압니까? 지옥에서 석유가 나올지……."

— 벤저민 그레이엄

시장은 하느님과 마찬가지로 스스로 돕는 이를 돕는다. 다만 하느님과 다른 점이 있다면 시장은 자신이 무엇을 하는지도 모르는 이들은 절대 용서하지 않는다. 그러니 모르는 것에 손을 대서는 안 된다.

— 워런 버핏

2. 충동적으로 예측한다

'주식을 사는 것은 기업을 사는 것이다'란 개념을 망각하고 빨리 돈을 벌려는 것은 위험하다. 투기자는 주식의 단기 가격 추세를 보고 예측할 수밖에 없기 때문이다. 하지만 주가는 사실 참여자가 하는 모든 헤징(Hedging)*을 한 뒤의 종합적 결과라서, 주가 변동 자체는 별다른 의미가 없다. 단기 주가의 일상적 변동과 경제 기초 변화의 관련도는 높지 않다. 심지어 변동은 나쁜 짓을 하는 상대가 만들어낸 소문에서 비롯되기도 한다.

날씨, 선거, 경제 아니면 주식 시장까지 그 어떤 것에도 인류는

---

*   가격 변동으로 인한 금융 손실을 막기 위한 모든 금융 행위.

예측 방면의 전문가가 아니다. 사람들이 예측에 빠져드는 것은 본능적 이끌림 외에 심리적 편견과도 관계가 있다.

사람들은 자신의 투자 성공과 매수했을 때 대폭 상승한 사례는 기억하면서 투자에 실패한 사례는 등한시한다.

사람들은 큰 V자가 될 것이라 정확하게 예측한 주식 시황은 기억하지만 훨씬 더 많은 틀린 예측은 잊어버린다. 거기에 현대 매체의 선택적 보도가 더해지면 사람들은 완전한 데이터를 얻기가 더욱 어렵다. 엄정한 정보 처리와 추리 과정은 언급할 필요도 없다.

온전히 현실을 보고 신중하게 관점을 형성하고 또 수정하려 노력하는 것 외에, 가치투자자가 자신을 보호하는 가장 중요한 수단은 바로 투자 과정에서 예측을 개입시키지 말고, 불가지론을 유지하는 것이다.

우리는 무슨 말인지 모르는 소음은 무시하고, 집중해서 연구하고 가치 있는 일을 하면 된다. 그다음 시장의 변동을 기다리며 내가 갖고 싶은 기업의 주식이 내 사정 범위 안에 들어오길 기다리면 된다.

만약 시장에서 예측 가능한 것이 있다면, 주기는 영원히 존재한다는 것이다. 주식 시장에 열풍이 불고 주가가 폭등한 후에는 통상적으로 심각한 불황과 참담한 주가 폭락이 뒤이어 온다. 한쪽의 일반적인 상황만 보고 외부에 대해 억측을 하는 것은 투자에서 가장 위험한 행동이다.

Key Point

예로부터 지금까지 예측은 인간의 가장 원시적 충동이고, 본능적 반응이기도 하다. 하지만 주식 시장 같은 대상을 겨냥한 카오스 시스템의 예측은 무용지물이고 아주 위험하기도 하다.

예측의 가장 치명적인 위험은 투자자의 '바람'과 '능력'의 경계를 구분하기 어렵게 만든다는 점이다. 더 나아가 올라가려고 할 때 매도하고, 레버리지 투자 같은 비이성적인 행위를 하는 등 시각장애인이 눈먼 말을 타고 어두운 밤에 깊은 물을 건너듯이 위험한 지경으로 몰고 간다. 그리고 그 행위를 깨달았을 때는 이미 늦어버린 경우가 많다.

블랙 스완 영역 안에서는 지식으로도 막을 수 없는 맹목이 항상 발생하기 마련이다. 통계학과 위험관리학이 얼마나 발전하든 전혀 상관없다. 측량할 수 없고 예측할 수 없는 것은 영원히 그렇다. 사회, 경제와 문화생활은 하필이면 블랙 스완 영역에 있고, 그 속의 스토캐스틱(Stochastic)*은 따라갈 수가 없다.

— 나심 니콜라스 탈레브

예측은 어떤 특정 결과에 관심이 있는 사람이 긁어모은 것이다. 이 때문에 잠재의식적 편견이 투영되어 있으며, 너무나 쉽게 드러나는 정확성은 오히려 이를 믿을 수 없게 만든다. 예측은 내게는 "광산은 거짓말쟁이가 소유한 땅의 구멍이다"란 마크 트웨인의 말을 떠올리게 한다. 미국에서 예측은 종종 거짓말이다. 고의로 그런 것은 아니겠지만 아주 악랄한 거짓말이다. 이런 예측을 하는 이들은 그런 일이 일어난다고 스스로 믿기 때문이다.

— 찰리 멍거

주식 시장에서 단기 예측은 독약이다. 그러니 그것을 가장 안전한 곳에 넣어두고, 주식 시장에서 아이처럼 행동하는 유치한 투자자들에게서 멀리 떨어트려야 한다.

— 워런 버핏

---

*   주가는 많이 올랐다 싶으면 내리고 많이 내렸다 싶으면 오르는 파동적 성격이 있다. 스토캐스틱은 주가 수준이 일정 기간의 가격 변동 속에서 어느 정도의 수준에 있는지를 백분율로 나타낸 지표를 말한다.

3. 레버리지의 유혹에 빠진다

제프 베이조스	당신의 투자 시스템은 아주 단순합니다. 당신은 세계 2위 부자인데, 왜 다른 사람들은 당신을 따라 하지 않지요?
워런 버핏	그 누구도 천천히 부자가 되고 싶어 하지 않기 때문입니다.

둰융핑	투자 과정에서 하면 안 되는 일은 무엇입니까?
워런 버핏	공매를 하지 않고, 돈을 빌리지 않고, 무엇보다 중요한 것은 모르는 것을 하지 않는 것입니다.

레버리지는 채무의 대명사로, 질투와 결합해 치명적인 혼합체가 될 수 있다.

투자자는 자신감이 과도한 상황에서 자신이 사용하는 레버리지를 눈감아준다. 한편 펀드와 투자은행이 높은 레버리지 투자를 좋아하는 이유는 불균형적인 인센티브 제도 때문이다. 만약 이긴다면 투자 매니저는 고액의 인센티브를 얻고, 진다면 그 모든 것을 시장 탓으로 돌릴 수 있다. 결국은 손실을 투자자가 지불하고 감당하게 하는 것이다.

이런 불균형적 인센티브 제도는 끊임없이 참여자에게 계속 레버리지를 증가하라고 종용한다. 2008년 운명이 역전되기 전에 리먼

브라더스는 분명 주식보다 30배가 넘는 레버리지를 써서 엄청난 돈을 벌었다. 그다음에는 그로 인해 파산의 길을 걸었다.

가치투자는 통상적으로 기한을 제어할 수 없는 레버리지에 대해서는 앞날을 헤아려서 가능하면 피한다. 멍거와 버핏은 버크셔 해서웨이가 투자 과정에서 레버리지를 사용하는 것을 언제나 피했고, 부채비율이 높은 회사에 대한 투자는 극도로 꺼렸다.

시장이 불붙고 신용 거래가 고공행진 할 때, 버크셔 해서웨이는 인내심을 갖고 현금이 쌓이길 기다렸다가 미래가 확보되는 큰 기회가 왔을 때 가장 효과적으로 탄알을 사용했다.

모든 것이 뜻대로 될 때는 레버리지가 이윤을 증가시키지만, 상황이 순조롭지 않을 때는 레버리지가 당신의 실제 손실을 감당할 수 없을 만큼 키운다.

역사는 우리에게 말해준다. 금융시장에서는 무슨 일이든지 일어날 수 있다고.

똑똑한 사람도 레버리지를 사용하다가 맞고 쓰러질 수 있다. 사람의 마음을 뒤흔드는 0이 길게 이어진 숫자가 마지막에는 0 하나만 남을 수 있다.

레버리지에 혹하지만 않는다면 고평가에 미혹되지 않고, 금융위기가 폭발해도 어떻게든 이겨나갈 수가 있고, 투자자도 무사할 수 있다. 이런 시기에는 손에 현금을 들고 있으면 나중에 큰 기회를 잡을 수 있다.

만약 또 블랙 스완을 만난다면 나는 더는 놀 생각은 없어요. 레버리지와 멀어져야지요!

내 자금 100만 원, 10% 올라도 겨우 10만 원밖에 못 벌어.

하지만 만약 900만 원을 더 빌리면 10% 올라도 100만 원을 벌 수 있어. 내 자금만큼이라고!

10% 떨어졌으니 당신의 돈은 바닥났어요. 자 반대매매로 청산해서 빌려 간 돈 가져갑니다.

아! 그건 제 자금 전부라고요!

Key Point

보통 사람은 자신이 모르는 일 때문이 아니라 스스로 잘 알고 있다고 확신하는 일에서 난감한 상황에 빠진다. 레버리지는 이런 인지 착오를 확대하고 대가도 훨씬 더 크게 만든다.

레버리지의 작용은 변동을 크고 빠르게 하는 것이지 투자의 이익을 확대하는 데 결코 도움을 주지 않는다. 특히 융자 이자 등의 마찰 비용을 짜낸 뒤에는 더욱 그렇다.

주식이 상승할 때 레버리지는 아주 합리적으로 보이지만 일단 풍향이 아래로 불기 시작하면 레버리지는 바로 흉악한 모습을 드러낸다. 투자자의 주식계좌를 공격하기 전에 레버리지는 먼저 투자자의 심리회계장부를 압박한다. 주가 변동을 받아들일 수 없게 되고 마지막에 심리적 안정이 무너진 투자자는 자신에게 가장 불리한 상황일 때 판에서 나오게 된다.

하지만 레버리지가 없다면 상황은 다르다. 그들의 투자가 견실한 비즈니스라면 투자자는 봄에 꽃이 피기까지 기다릴 수 있다.

4. 탐욕에 사고 공포에 판다

공포는 인류가 원시생활에서 자신을 위험으로부터 보호하기 위한 본능이다. 이 본능적 감정은 인류의 유전자가 계속 이어질 수 있도록 도와주었다.

지금 현재도 우리는 여전히 적응해가는 중이다. 우리는 아주 다른 환경으로부터 진화해왔고, 조상의 진화 환경이 우리의 사고방식을 좌우한다. 현재 인류의 활동은 과거 우리가 한 종(種)으로서 진화해온 대다수 행위에 속하지 않는 경우가 있다. 예를 들어 투자는 유전자의 역사적 설정으로 종종 방해받기도 한다.

그래서 시장은 일정 시간 간격으로 집단적 광기 현상이 나타나고, 또 짧게 몇 년 뒤에는 집단적 공황 현상도 나타난다.

만약 공포를 느낀다면,
당신은 좋은 기회와는
인연이 없는 것입니다!

투자자는 공포와 탐욕을 똑바로 마주하고, 그것을 본능의 하나로 받아들여야 한다. 그다음 냉정함을 찾아 이성적으로 결정해야 한다. 미스터 마켓을 이용해야지 그에게 미혹 당하면 안 된다. 우리는 다른 사고방식으로 치환해서 생각하는 법을 배울 수 있지만 그것이 말처럼 쉽지는 않다. 자아의 편견이 만들어낸 학습의 한계를 깨트려야 하기 때문이다.

하지만 이런 이성 훈련은 아주 큰 도움이 된다. 감정과 정서가 인간의 행위에 영향을 미치고 주가에도 영향을 미칠 수 있다는 것을 분명하게 알 수 있기 때문이다. 인간의 충동을 이해하는 것은 정말로 가치 있는 일이다. 당신은 그 과정에서 대다수 사람의 잘못을 피하는 법을 배울 수 있을 뿐 아니라 타인의 집단적 착오도 알 수 있고 그 속에서 기회를 잡을 수도 있다.

투자 영역의 집단적 착오는 일정 주기마다 나타난다. 그리고 그
주기를 수십 년으로 늘어트려 인적이 사라진 시장에서 한 세대를
풍미하는 전설적 부를 창조할 수 있다.

1929년과 1932년의 경제 공황은 주식 시장에 파멸적 타격을
입혔다. 1954년이 돼서야 다우존스 지수는 간신이 고점을 회복
했다.

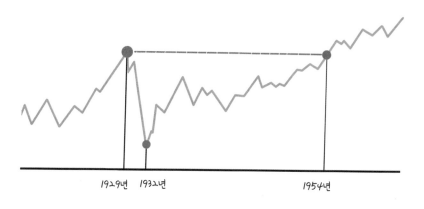

1929년 1932년   1954년

거의 30년 동안 대중 투자자들은 주식을 두려워하고 피했다. 아
주 많은 사람이 그들의 모든 부를 그곳에서 잃었기 때문이다.

1940년대 경제위기 상황에서 엄청난 타격을 입었던 기업들의
주가가 점차 회복하기 시작했다.

경제가 회복하고 있습니다.
기업 실적도 상승하고 있습니다!
이제 주식을 사도 좋습니다!

하지만 관심 있는 이들은
거의 없었다······.

투자자들의 관심을 끌기 위해 기업들은 어쩔 수 없이 채권 이율의 2배가 넘는 높은 주식배당금을 지불해야 했다.

고배당금을 드립니다! 고배당금!
사도 절대 손해 보지 않고,
사기를 당하지도 않습니다!

고배당금

바로 이 시기에 멍거와 버핏은 시험 삼아 주식 투자에 발을 들여놓았다. 그들이 투자한 기업은 상당한 주식배당금을 지불했고, 자주 시가보다 낮게 주식을 팔았다. 주식을 사기에 너무나 아름다운 시절이었다!

바로 윗세대 사람들의 꺾인 의지와 슬럼프가 멍거와 버핏에게 첫 번째 종잣돈을 만들어주었다.

1950년대 말부터 1960년 초까지 보통주에 투자하는 풍조가 새롭게 유행하면서 이들 기업의 주가가 상승하기 시작했다. 멍거와 버핏은 그로 인해 천만장자가 되었다. 시장이 계속 자금을 빨아들이면서 더는 싼 주식을 찾아볼 수 없게 되었지만 능력 범위를 계속 확장해가는 투자자는 시장에서 일어나는 공포와 탐욕이 돌고 도는 순환 속에서 자신의 기회를 얻을 수가 있다.

기업의 증가한 가치를 나누고 시장의 파동을 이용해 역방향으로 운영하는 것은 가치투자 이익의 양대 원천이다. 두 가지 모두 인내심을 갖고 기다리고, 역방향으로 움직일 기회를 잡아야 하지만, 둘 다 투자 수익 목표의 주관적 전망에까지 영향을 미쳐서는 안 된다.

이 두 이익의 원천에서 오는 수익이 기대치를 넘어설수록 위험해지는 것은 물론 비논리적이고 부조리해진다. 투자자는 사람들 사이에서 만연한 공포와 탐욕을 경계해야 한다. 시시때때로 자신의 투자 행위가 현실과 동떨어지진 않았는지 확인해야 한다. 특히 현실이 잔혹하게 보일 때는 더욱 그렇다.

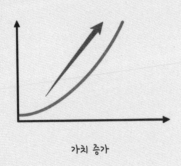

가치 증가

시장 변동

나는 주식을 살 때 아주 단순한 규칙을 지킨다. 사람들이 탐욕을 부릴 때 나는 공포를 느끼고, 사람들이 공포를 느낄 때 나는 탐욕을 부린다. 쉬워 보이지만 시장에 공포가 널리 확산하면 경험이 풍부한 투자자조차도 두려움을 느끼게 된다. 나쁜 소식은 투자자의 좋은 친구이고, 당신에게 좋은 기회를 만들어준다. 만약 울새가 오기만을 기다리다 보면 투자자는 좋은 봄날을 놓치고 말 것이다.

— 워런 버핏, 2008년 10월

어떤 바보가 무슨 일을 하고 있든, 지금이 돈을 벌 수 있을 때라면 나는 그 순간에 두려움에 빠져야 할지 욕심을 부려야 할지 하는 문제는 고려하지 않는다. 지금 시장에는 분명 멍청하고 잘못된 행위가 아주 많이 일어나고 있다. 신중하지 못한 이들은 언제나 큰 위험을 만나게 될 것이다.

— 찰리 멍거, 2020년 7월

6

투자자를 위한
마인드셋

1. 능력의 범위를 고수하라

사람이 그저 똑똑한 단계에서 조금씩 지혜롭게 변화해갈 때, 자신이 실제로 아는 바가 아주 적다는 사실을 인지한다. 무지를 인정하고, 지식을 얻을 수 있는 자리에 자신을 두는 것이 바로 지혜의 시작이다.

능력 범위의 확장

보험 업무, 은행, 신문업, 텔레비전, 사탕기업, 항공기업, 공구 제조기업, 신발 제조공장, 내의 제조공장, 전력회사

투자자에게 능력의 범위를 통해 기업의 가치 형성을 정확하게 평가하는 일은 처음에는 아주 작은 일이다. 하지만 크고 작고는 핵심이 아니다. 작은 걸음이 모여 천 리를 가는 법이다.

범위 안쪽과 바깥쪽을 나눌 때는 반드시 신중하고 성실하게 임해야 한다. 인식에 대해, 자기 자신에 대해 성실하게 임해야 한다.

비즈니스 모델과 전망, 관리 능력과 통제, 경영 등등 여러 방면을 정확하게 평가할 수 있어야 하고, 그 가치에 대해 충분한 믿음이 생겼을 때 그 기업이 자신의 능력 범위 안에 있다고 할 수 있다.

가치투자에 뜻이 있는 사람은 멀리 내다봐야 한다. 부지런하고 성실하게 읽고 생각하며 다양한 분야의 학문에 대한 이해를 쌓아가고, 사물의 본질에 대해 매일 반복해서 사고하다 보면 능력 범위는 천천히 넓어지고 커질 수 있다.

한 기업의 진정한 가치를 평가할 수 있는 능력을 손에 쥐고 있어야 미스터 마켓이 한 치 앞을 못 보는 상황이 되었을 때, 가치와 가격의 차이를 통찰해서 역발상 투자를 할 수 있다. 시장의 상황이 최악일 때 과감히 앞으로 나가려면 그에 적합한 성격 외에 가장 중요한 것은 단단하고 확실한 인지이다.

투자자는 바로 눈앞에 있는 기회를 놓치지 않도록 주의해야 하는데 그 일이 생각보다 어렵다. 미스터 마켓이 절망적인 상황에서는 자신의 소심함과 신중함을 구분해야 한다. 그런데 자신의 가치평가 능력이 부족해서든 시장 정서의 영향으로 용기가 부족해서든 판단하기가 쉽지 않다.

'능력 범위'라는 이 지식의 이면에는 비범한 의미가 있다!

투자자는 능력 범위 밖에 있는 대상에게 투자하고 싶은 충동을 이겨내서, '모르면 투자하지 않고'와 '저평가된 주식이 아니면 투자하지 않는다'는 규칙을 지켜내야 한다.

논리적으로 전혀 허점이 없는 이 일을 막상 하려고 하면 절대 쉽지 않다. 이성은 평생 갈고 다듬어야 하는데 조금만 해이해지면 사람은 쉽게 욕망과 무지의 유혹에 이끌려 잘못을 범하기 때문이다. 그러니 우리는 대가들의 경험에서 영양분을 흡수해야 한다.

1990년대 말, 과학기술 관련 주식의 거품이 심했을 때, 많은 똑똑한 사람들은 그 유혹을 이기지 못하고 인터넷 관련 주식에 투자했다. 하지만 버크셔 해서웨이는 인터넷 기업을 피했는데, 그 이유는 신흥 산업인 인터넷 업무를 모르니 그 가치를 평가할 수 없었기 때문이다. 이들 기업의 업무는 버핏과 멍거의 능력 범위를 벗어나 있었다.

이 일로 그들은 월스트리트의 대다수 인사에게 놀림을 받았다.

하지만 버핏은 꿈쩍도 하지 않았다.

2000년 외부 강연에 좀처럼 응하지 않는 그가 의외로 선 밸리

인터넷 네트워크

나와 멍거는 인터넷 관련 업무를 모읍니다.

보험 업무, 은행, 신문업, 텔레비전, 사탕기업, 항공기업, 공구 제조기업, 신발 제조공장, 내의 제조공장, 전력회사

(Sun Valley)의 강연 초청을 받아들였다. 시장의 터무니없는 상황에 대해 냉정하게 일갈한 뒤 강연을 마치고 내려온 그는 월스트리트의 고위 경영진과 서로 멀뚱멀뚱 얼굴만 쳐다보았다.

결국 닷컴 거품은 꺼졌고, 인터넷 기업 중 대부분은 그저 한바탕 희극이었음이 증명되었다. 주가는 순식간에 폭락했고, 수많은 사람의 재산이 모두 사라졌다. 그리고 버핏이 장기적으로 갖고 있던 펀더멘털이 견실한 기업이 다시 힘을 발휘하기 시작했다. 사람들은 그제야 가치투자와 능력 범위의 핵심을 이해하게 되었다.

역시 연륜과 노련함은 무시할 수 없군요! 대단하십니다!

모든 기업과 그 기업이 속해 있는 업종은 나라마다 완전히 다른 경쟁 상황과 경영 특징이 나타나기 마련이다. 그리고 사람마다 성장 과정과 직업 경력이 다르므로, 모든 일에 정통할 수는 없는 것이 당연하다. 그러므로 우리는 자신이 어떤 영역, 어느 분야에 관한 이해가 부족한지 분명하게 알아야만 하고, 용감하게 외칠 수 있어야 한다.

시장의 단기 유혹과 부러움, 질투가 부추기는 대중을 따라가는 행위를 이겨내야만 한다. 자신의 능력 범위 밖의 것에는 절대로 투자해서는 안 된다. 자본을 쌓기는 쉽지 않으니 먼저 승리한 다음에 싸워야 한다. 쉽게 다른 이들의 능력 범위 안으로 들어가는 투기를 해서는 안 된다.

투기의 성공은 사람들에게 다음번 투기를 부추기고, 최후의 실패에 이를 때까지 계속하게 만들고, 일생의 복리를 끊어버린다. 시장은 바로 이런 잘못된 행위를 부추기고, 비이성적인 투자자를 결국 죽음으로 뛰어들게 하는 마력을 부린다.

만약 한 기업에 투자하고 싶은 욕망이 강렬하지만, 그 투자가 마지막에는 어떤 방식으로 실패할 가능성이 있는지를 설명할 수 없다면 그것은 자신의 능력 범위를 벗어난 것이다.

만약 투자에 대해 전문가의 확인이 필요하다면, 이미 자신의 능력 범위 밖에 있는 것입니다!

'내가 안다'고 하는 말의 의미는 10년 뒤에 기업의 상황이 어떻게 될지 정확하게 알고 있다는 뜻이다. 수많은 기업에 대한 나의 이해도는 이런 믿음이 생기기에는 부족하다. 하지만 소수의 몇몇 기업에 대해서는 충분히 알고 있고, 다행히도 나는 이 기업만으로도 충분하다.

— 워런 버핏

만약 당신이 확실한 능력이 있다면 그 능력 범위의 경계가 어디인지도 분명히 알고 있을 것이다. 만약 자신이 능력 범위를 벗어난 것이냐 묻는다면, 이미 그 범위 밖에 있음을 의미한다.

— 찰리 멍거

투자에서 중요한 것은 '얼마나 많이 아는가'가 아니라 '자신이 모르는 것이 무엇인지를 얼마나 냉철하게 정의할 수 있는가'이다.

— 워런 버핏

2. 기회가 없을 땐 아무것도 하지 않는다

인내심은 미덕이다. 투자자에게 인내심은 더욱더 소중한 자산이다. 가치투자자는 극도의 인내심이 필요하고, 적당한 가격에 나온 좋은 기업을 찾는 데 집중해야 한다.

"반드시 인내심을 갖고 진득하게 기다려야 합니다. 기회가 찾아왔을 때 자신이 기울인 대가가 가치 있음을 발견하게 될 것입니다."

멍거의 이 말은 이성적이고 논리적이다. 지난 실적이 좋지 못하기 때문에 중국 주식 시장에 참가한 대부분 투자자는 자신들이 주식에 투자한 것을 부끄러워하고 숨기려 한다. 그래서 다들 "그냥 재미로 좀 해봤어"라고 말한다. 그들은 주식을 자기 자본의 일부라고 인정한 적이 없다.

주식 시장이 뜨겁게 달아오르면 그들은 자신의 능력 범위를 벗어나라고 스스로 설득하고 바로 투자를 감행한다. 그래도 별다른 심적 부담을 느끼지 않는다. 그들이 내재가치보다 높은 가격으로 주식을 살 수밖에 없어도 말이다.

시장의 온도가 조금씩 상승하면 주식에 손대지 않았던 투자자도 펀드를 통해 간접적으로 시장에 들어가려고 한다. 이 좋은 상황을 놓칠 수 없다는 생각에 인내심은 완전히 사라진다. 이때 당신은 투자 담당자를 찾아갈 테고, 그 담당자는 아래와 같이 말할 것이다.

그럼 대부분은 다음과 같이 할 것이다.

길고 긴 기다림은 대부분 투자자에게 결코 쉬운 일이 아니다. 뮤추얼펀드와 헤지펀드의 투자 담당자 역시 마찬가지다. 오늘 술이 있는데 왜 당장 술에 취하는 것을 피하겠는가? 어쨌거나 그들은 수수료를 받는데 말이다.

가치투자자는 기회가 좋지 않을 때 아무것도 하지 않을 수 있어야 한다. 가격이 적합한 장기투자 기회가 나타날 때까지 기다릴 수 있어야 한다.

다른 이들이 전부 서둘러 거래를 할 때, 조급해하거나 초조해하지 말고 인내심을 유지해야 한다. 설사 세상에 자신 말고 전부가 서둘러 주식 거래를 할지라도 말이다.

1960년대 말, 버핏은 모든 주식을 청산했다. 그리고 5년 뒤 투자할 가치가 있는 목표 주식을 발견했을 때 다시 주식 시장에 들어갔다.

그저 기다리는 것만으로도 얻을 수 있는 것이 아주 많습니다. 게다가 누구에게도 돈을 지불할 필요가 없지요.

　1990년대 말, 과학기술 관련 주식의 거품이 가득했을 때 버핏과 멍거는 여전히 대량의 현금을 쥐고 있어도 움직이지 않고 인내심 있게 기다리기만 했다. 이런 상황은 2003년까지 계속되었고, 거품이 꺼지고 난 후에 한껏 부풀어 오른 시장에서 버림받은 흡인력 있는 주식을 발견했다.

　주식 시장에 공황이 발생할 때마다 투자자는 혹시 늦을세라 앞다투어 모든 투자물을 투매해버린다. 그런데 사실 투자 대상물 중에는 가치투자자에게 장기적 수익을 가져다줄 좋은 것들이 아주 많다. 투자자의 이런 대탈출은 마치 수조에 있는 물을 버리는 것과 같다. 주식 가격이 떨어짐에 따라 수조에 있는 물고기가 저평가된 우수한 기업이었음을 아주 쉽게 발견할 수 있다.

　우수 기업이란 바로 발전 전망이 뛰어나 투자자들이 꿈에도 그리며 10년 혹은 그 이상을 갖고 싶어 하는 기업이다. 그들 기업의 가치는 계속 높았는데, 지금 물과 함께 쏟아져 나오니 가치투자자는 그것들을 매수하고 비중을 늘려야 한다.

그리고 일단 투자자가 10년 이상 보유하고 싶은 좋은 기업의 주식을 매수했다면, '아무것도 하지 않는다'는 이 말이 또 다른 함의를 갖는다. 어떻게 시장 변동의 유혹을 이겨내서, 기업이 뛰어난 성장을 완성하기 전에 팔아치우는 것을 피하는가 하는 것이다.

코카콜라 비석

객관적 조건이 꼭 필요하다. 그 객관적 조건은 개인 투자자가 그나마 가진 우세 중 하나이다. 여윳돈으로 투자할 때는 투자 기간을 오래 늘릴 수 있을 뿐 아니라 우리에게 매도와 매수를 강요하는 이도 없다. '기업과 함께 장기적으로 성장해서 복리를 나눈다'는 말이 가능할 수 있다.

엘리트와 브레인이 모여 있는 기관의 대부분은 이런 일을 할 수가 없다. 자금의 움직임을 그들이 제어할 수 없기 때문이다. 시장이 과열되어 기회가 희소해졌을 때는 자금이 집중해서 들어오고, 시장이 약세와 혼조에 빠져 곳곳에 싼 주식이 있을 때는 자금을 모을 수가 없다.

시장 과열   시장 약세

그 밖에 투자자에게 가장 필요한 것은 인내심, 규칙성과 좋은 기업을 갖고 있을 때 변동성을 이겨내고 산처럼 꼼짝하지 않는 능력이다.

주식을 오래 가지고 있을 때는 주가가 대폭락하는 시기도, 미친 듯이 뛰는 예측 불가한 시장도 경험하게 되므로 그 상황을 이겨내야만 한다.

버크셔 해서웨이 같은 안정적이고 건실한 우량주 기업도 세 차례나 주가가 하락해서 50%까지 떨어졌다. 그리고 매번 주식 시장이 회복할 때마다 버크셔 해서웨이는 회복했고 더 높이 올라갔다.

만약 투자자가 한 번의 하락 기간에 자신이 갖고 있던 버크셔 해서웨이의 주식을 팔았다면 다음과 같은 상황이 일어났을 것이다.

투자는 단기적으로 투표 기계이고, 장기적으로는 저울이다. 좋은 기업도 한때 실패할 수 있고, 이성적 투자자도 변동과 좌절을 겪게 마련이다. 이런 변동과 좌절에 대해 투자 생애 중에 반드시 대답해야 하는 순간이 온다.

주식 거래의 의미는 사고파는 것이다. 만약 사고파는 현장에서 상대가 바보임을 확정할 수 없다면, 당신이 바로 바보이다.

자본시장의 경쟁은 치열하고, 자본에 대한 시장의 정가는 대부분 상당히 유효하다. 하지만 예외적으로 2%에 해당하는 시간에서는 시장이 공포와 탐욕에 물드는 것을 볼 수 있다. 이때가 바로 가치투자자가 역발상으로 주식을 사거나 혹은 파는 행동을 취하는 순간이다. 그리고 나머지 98%의 시간 동안에는 그들은 아무것도 하지 않을 수 있다.

한 기업에 투자하는 것도 그와 같은 인내심이 필요하다. 좋은 기업이라도 전부 다 순풍에 돛 단 듯 순조롭게 발전해나갈 수는 없다. 시장이 그에 대해 매기는 가치도 진짜 가치보다 훨씬 더 낮을 때가 많다. 시선을 높이 두고 멀리 내다봐야 한다. 행동하지 말아야 할 때 아무것도 하지 않는 것은 주식 투자를 진행하는 데 아주 큰 장점이 될 것이다.

우리가 어떤 기업의 주식을 10년 이상 보유하길 원한다면, 그 기업의 경영 상황을 전면적으로 지켜보고, 그 기업의 경영 이익과 잉여현금흐름(Free Cash Flow)을 가치 평가 기준으로 삼아야 한다. 주식 시장의 평가가 그 기준이 될 수는 없다.

인내심은 우리가 한층 더 이성적인 시각으로 이 항목의 투자를 바라볼 수 있게 해줍니다.

기회는 결코 눈앞에만 있는 것이 아니다. 미래는 알 수 없으니 오늘 가장 좋은 주식이 반드시 기회라고 할 수 없다. 때로는 좀 더 기다리면 정말 좋은 기회가 올지도 모른다. 만약 자금을 그저 그런 평범한 기회에 다 낭비한다면 정말 좋은 기회를 놓치고 만다.

― 조엘 그린블라트(Joel Greenblatt)

나의 성공은 장기적인 집중에서 온다. 단단한 인내심을 갖고 기다려야 한다. 어떤 일이 일어났을 때 바로 그 순간 자신이 기울인 대가가 가치 있는 것임을 발견하게 될 것이다.

― 찰리 멍거

버크셔 해서웨이에서 가장 돈을 많이 버는 기업 10곳을 떼어낸다면, 우리는 그저 웃음거리일 뿐이다. 우리가 가진 대부분의 돈은 모두 장기적으로 보유한 좋은 기업이 벌어다 준 것이다.

― 찰리 멍거

3. 평생 20번의 투자 기회만 있다면

이 장의 멋진 제목은 버핏에게서 나왔다. 그는 아주 오래전에 기회의 본질을 파악했고, 대학 강연을 할 때마다 언제나 이 이론을 선전했다.

버핏은 MBA 학생들에게 구멍을 20개만 뚫을 수 있는 펀치카드를 주고 이렇게 말했다. "확실하게 투자할 곳을 정할 때마다 구멍 하나를 뚫는 거예요. 평생 20번의 투자 기회만 있을 뿐이고, 만약 그 규칙을 잘 따르면 평균적으로 세상을 떠날 때 다른 방식으로 얻은 부보다 훨씬 더 많을 거예요."

청중들은 꼼짝도 하지 않았다. 그들은 버핏의 말을 믿을 수 없었고, 그의 말을 따라 한 사람도 없었다. 하지만 버핏의 말투는 농담

만약 여러분이 평생 오직 20번의 거래 기회만 있다고 한다면, 이 규칙을 잘 지키기만 해도 아마 마지막에는 더 많은 부를 얻을 것입니다!

이 아니라 정말 진지했다.

인성이란 관점에서 보면 전혀 이상하지 않다. 사람의 본능은 현대 사회의 발전을 따라갈 수 없고, 오늘 술이 있으니 당장 취하자는 본능적 충동을 여전히 가지고 있기 때문이다. 사람들은 제한적인 시야에 갇힌 풍경만 볼 때가 많아 장기 복리라는 개념을 이해하기 어렵다. 주식 투자 영역에서도 마찬가지다.

당신이 아주 똑똑하고 규율을 잘 지키는 사람이라고 가정해보자. 매번 투자할 때마다 아주 심도 있고 세세하게 사고하고 가장 잘 아는 분야에 투자 자금 비중을 많이 둔다면, 아마 우수한 경쟁력을 갖추게 될 것이 분명하다.

우리 주변에 투자 고수들을 한번 돌아보면, 그들이 평생 만든 부가 겨우 서너 가지 항목의 투자, 심지어 단 한 가지 항목의 투자에서 나온 것임을 발견할 수 있다. 작은 것 여러 개를 끌어모아 큰 부를 이룬 이는 거의 없다는 말이다.

세계 경제 파동의 본질은 거의 공짜로 싸게 얻을 수 있는 때가 반드시 온다는 것이다. 다만 찾기가 어려울 뿐이다. 그래서 이성적인 투자자에게는 근면 성실이 필요하고, 평생 단 20개의 구멍만을 뚫겠다는 기준으로 기회를 선별하는 것이 필요하다.

멍거가 40년에 한 번 온 큰 기회라고 칭한 2008년으로 돌아가 대가들이 어떻게 투자했는지 한번 살펴보자.

2008년 10월, 버핏은 수십 년 만에 다시 매체에 주식 시장에 대한 그의 견해를 공개적으로 발표했다. 버핏이 『뉴욕 타임스』에 기고한 "미국 주식을 사세요. 나는 사들이고 있습니다(Buy American, I am)"란 글에서 다음과 같이 썼다.

"……지금 미국 주식을 사들이고 있습니다. 나의 개인 계좌로 말입니다. 이 계좌는 미국 국채 외에 어디에도 투자한 적이 없습니다.

주가가 계속 이렇게 싸다면 나의 개인 계좌의 주식은 곧 미국 주식으로 100% 채워질 것입니다."

그리고 멍거 명의의 『데일리 저널(Daily Journal)』이란 작은 기업은 2008년 금융위기 전에 아주 오랫동안 계속 현금을 보유하고 있었다.

2009년 3월, 시장이 폭락했을 때 모든 사람은 미국 정부가 어쩔 수 없이 모든 대형 은행을 전부 관리할 것으로 생각했다. 이때 멍거는 『데일리 저널』을 통해 주당 8.58달러에 웰스파고 주식 160만 주를 사들였다.

그가 이렇게 할 수 있었던 단 한 가지 이유는 그가 웰스파고를 아주 잘 알고 있어서 시장과는 완전히 다른 통찰력을 갖고 있었기 때문이다.

웰스파고는 절대 파산하지 않고, 정부의 관리를 받을 일은 더더욱 없지요.

또 하나는 그가 대량의 현금을 갖고 있었기 때문이다. 그는 기회가 나타날 때까지 오랫동안 인내심을 가지고 기다렸다. 기회는 준비된 사람을 편애한다. 작은 자금으로도 큰 기회를 잡을 수 있다. 당시 『데일리 저널』을 통해 투자한 주식이 약 1,500만 달러이고, 2020년 6월 말 현재 그 가치는 1억 5,339만 달러(배당금 제외)가 되었다.

투자 대가들은 화폐의 소폭 평가절하 같은 것은 전혀 신경 쓰지 않는 듯하다. 설사 '장기'적으로 평가절하된다 해도, 그 '장기'적으로 가기 전에 인류의 우매함은 반드시 변동을 만들어낼 것이고 시장에 반드시 큰 기회가 나타날 것이다.

성공한 투자는 인내심도 필요하고 또 진취력도 필요하다. 게다가 기회가 나타났을 때 제대로 잡을 수 있도록 준비되어 있어야 한다. 기회가 계속해서 나타나지는 않기 때문이다. 큰 것을 살 기회는 겨우 몇 주뿐일 수 있으므로 기회가 나타났을 때 적극적으로 진격하겠다는 태도로 그것을 움켜잡아야 한다. 시장의 매수가 고갈되었을 때가 가장 분명한 기회의 순간이다. 우리는 분명하게 알아야 한다. 위험을 분산하는 주요한 방법은 이성적 사고이지 덮어놓고 분산투자만을 말하는 것이 아니다. 투자 목표물이 이 위기를 벗어나고 더 크게 발전할 수 있다는 충분한 믿음이 있다면 그때가 바로 집중 투자할 때다. 가장 믿을 만한 것 한두 가지, 가장 좋은 기업 한두 개만 사는 것을 결코 모험이라 할 수 없다.

Key Point

투자자가 잡념을 버리고 한 곳에만 집중하는 힘이 점점 더 부족해지는 오늘, 자본시장의 변동은 반복되고 그 리듬과 박자가 점점 더 빨라지고 있다.

이는 인내심과 장기적 사고만 가지고 있다면 더 풍성한 수확을 얻을 수 있음을 의미한다.

미스터 마켓은 거의 몇 년마다 한 번씩 하락하고, 7~10년마다 천재일우의 폭락을 가져온다. 이런 시장은 가치투자자에게는 아주 유리하다. 98%의 시간 동안은 인내심을 갖고 기다리다가 2%의 시간 동안 쌓아둔 에너지를 과감하게 폭발시키는 것이다.

게임에 이길 확률과 배당률이 우리에게 극도로 유리할 때, 이를 위해 축적해둔 모든 마음과 여유 자금을 들고 과감하게 출격해서 폐허가 된 시장에서 기회를 잡아야 한다.

우리는 큰 기회를 위해서 잠시 물러나 거미줄을 쳐놓고 인내심 있게 준비하는 동시에 자신의 예측 기대를 낮추고 비선형적 부의 증감을 의식해야 한다.

인생은 사실 많은 기회를 다 잡기보다는 시간에 남겨두는 것이 훨씬 더 중요하다. 동시에 큰 실수를 범하지 않도록 늘 경계해야 한다. 빨리 부자가 되고 싶은 마음과 모르는 일을 하는 것을 경계해야 한다.

버핏이 가진 99%의 부는 모두 50세 이후에 만든 것이다. 우리에겐 쇠털같이 많은 날이 있고, 복리에는 시간이 필요하다. 기회를 놓쳐도 때는 다시 온다. 이성적 투자자에게 시장은 무척 통이 크다.

평생 한 사람이 만나는 기회는 아주 적다. 인생이 바로 그렇다. 인생에서 좋은 기회가 그렇게 귀하다면 그것을 얻는 가장 좋은 방법은 그 기회가 당신에게 왔을 때 용감하게 앞으로 나가 자기 몫의 케이크 조각을 얻어내는 것이다.

— 찰리 멍거

버핏의 성공은 복잡한 비용 수익 분석으로 이뤄진 적이 단 한 번도 없었다. 버핏은 단지 아주 엄격한 선별 시스템 하나를 만들었을 뿐이다. 버핏은 그 시스템을 통과한 항목에만 투자를 진행한다. 버핏은 언젠가 말했다. 성공한 인사와 진짜 성공한 인사 사이에 차이점은 후자는 모든 투자 기회에 대해 거의 "NO"라고 말한 사람이라 했다.

— 나심 니콜라스 탈레브

시기와 의사 결정도 멱급수 법칙(Power Law)을 준수해야 한다. 핵심적인 시기는 다른 평범한 시기보다 훨씬 더 중요하다. 멱급수 법칙의 세계에서 만약 당신의 행동이 기업을 80-20 곡선의 어떤 위치로 떨어뜨리게 만들 수 있다는 것을 진지하게 생각하지 않는다면, 당신은 그 결과를 감당하지 못할 것이다.

— 피터 틸(Peter Thiel), 벤처 투자자

4. 평생 배우고 진화하라

멍거가 말했다.

"우리는 평생 우매함에 맞서 싸웁니다."

나이가 들면서 적극적으로 배우려 하지 않는 사람은 여러 번 벽에 부딪힐 때마다 자신의 우매함을 인식한다. 인지 오류와 비교해서 탐욕, 공포, 방종 심지어 단순한 나태함은 훨씬 더 극복하기 어렵고 파괴력은 훨씬 더 크다. 그리고 심리 오판 중에서 가장 치명적인 것은 자신을 속이고 남도 속이는 것이다.

아주 잠깐의 시간에 사물의 본질을 꿰뚫어 볼 수 있는 사람과 평생을 들여도 사물의 본질을 알지 못하는 사람은 완전히 다른 운명을 살 수밖에 없다. 이성적으로 사는 것은 어렵지만, 아주 일찍부터 이성을 일종의 의무와 책임으로 여기고, 일찍부터 배우고 연습하고 익히고 자신에게 요구하며 오랜 시간 공을 들인다면 그 속에서 즐거움을 누릴 수 있다. 더불어 인생도 아마 한층 더 순조로울 것이다.

투자 능력은 이 세상의 수많은 지혜 중 한 갈래일 뿐이다. 역시 매일 반복해서 배우고 익히면 향상된다.

젊은 시절의 버핏은 벤저민 그레이엄을 스승으로 모셨다. 대공황 이후의 주식은 경시와 박해를 받던 시대였다. 사람들은 주식을 유령을 보듯 거들떠보지도 않았고, 시가가 순 운영자본보다 낮은 주식이 곳곳에 널려 있었다. 버핏은 스승의 가르침에 따라 담배꽁초를 줍는 방식의 투자법으로 상당한 이익을 얻었다.

좋은 날은 오래가지 않았다. 담배꽁초는 점차 사라지기 시작했다. 하지만 버핏의 자금력은 나날이 증가했고, 그는 새로운 가치투자 방식을 찾기 시작했다. 멍거는 버핏의 인지 진화를 가속화한 사람이다. 그는 잉여현금을 반드시 바로 사용해야 할 필요가 없음을 인식했다. 좋은 기업과 좋은 비즈니스를 통해 오랫동안 쌓아가면서 만들어갈 수 있음을 깨달았다.

특히 시즈캔디를 인수한 다음, 버핏은 좋은 기업의 강력한 현금 창출 능력을 직접 목격했다. 그때부터 그는 투자 방향을 자산 가치 평가에서 지속 가능한 이익 능력 평가로 전환해 좋은 기업을 모으는 방향으로 시선을 돌려 높은 가치를 지닌 일류 기업의 주식을 사기 시작했다. 이 기간에 버크셔 해서웨이는 코카콜라, 『워싱턴 포스트』, 아메리칸 에어라인 등 일련의 우수한 기업의 주식을 사들였고, 버크셔 해서웨이가 수십 년간 누린 복리의 초석을 마련했다.

이미 주식을 보유한 기업에서 비즈니스 모델을 학습하는 것은 버핏이 가장 잘하는 일이다.

세계에서 유명한 절삭공구 업체 이스카(ISCAR)는 이 업계의 절대적인 선도기업이다. 또한 버크셔 해서웨이가 자금을 들여 지분을 전부 인수한 최초의 미국이 아닌 이스라엘 기업이다.

2006년 버크셔 해서웨이는 40억 달러를 들려 이스카의 지분 80%를 인수했고, 2013년 20억 달러를 출자해 나머지 20% 주식도 사들였다.

만약 벤저민 그레이엄이었다면 절대로 이스카의 주식은 사지 않았을 것이다. 하지만 멍거와 버핏은 네브래스카 퍼니처 마트를 인수한 사례에서 배운 것이 있다.

만약 선두 기업의 규모가 충분히 크고 고객군과 관계가 아주 밀접하다면 그 잠재 경쟁자가 시장에 진입할 때 드는 비용은 그보다 훨씬 더 높음을 이미 깨달았다.

기업 규모와 시장에서 주도적 지위는 장기적으로 경쟁 우세를 유지할 수 있도록 해준다. 그리고 이것들은 이스카가 전부 가지고 있는 투자 우세 지점이었다.

버핏과 멍거는 시즈캔디에 투자한 경험에서 좋은 기업에 대한

20% 10억 달러
80% 40억 달러

2006년

20% 20억 달러

2013년

통찰력을 한 단계 높였고, 이를 발전시켜 코카콜라의 주식을 사들여 투자 모범 사례를 남겼다.

가치투자의 원리는 변하지 않지만 그 형식은 아주 다양하다. 버핏은 공개 시장에서 인수해 차익 실현도 경험했고 채권 시장의 붕괴 이후에 주식을 사기도 했고, 귀금속과 외환에도 손을 댔고, 팔고 나서 수십 년이 지나 지수가 떨어졌을 때 다시 구입해서 차익을 남기기도 했다. 이런 투자 방식은 모두 강한 흥미를 갖고 끊임없이 배워야 운용할 수 있다. 애플 주식을 산 일은 90세의 버핏이 여전히 끊임없이 진보하고 있다는 유력한 증명이다.

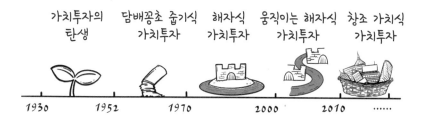

가치투자의   담배꽁초 줄기식   해자식   움직이는 해자식   창조 가치식
   탄생   가치투자   가치투자   가치투자   가치투자

1930   1952   1970   2000   2010   ⋯⋯

Key Point

빠른 시대 변화와 경쟁 상황의 진전에 따라 투자자가 시행착오를 통해서만 발전한다면 눈덩이처럼 불어나는 복리는 기대하기 어렵다. 가장 좋은 방법은 바로 읽고 관찰하고 사고하는 것이다. 이 방법으로 세상에서 일어나는 눈에 띄는 모든 성공과 실패를 알고 이해해 자신의 인지력과 판단력을 높여야 한다.

매일 조금씩 움직이며 발전해서 비즈니스 방식을 끊임없이 확장해나가고, 기업관리와 주식 시장의 특성에 대한 인식 경계를 넓혀야 오랫동안 복리를 쌓으며 계속 항해해나갈 수 있다.

충분한 지식이 있어야 한 기업이 얼마나 오랫동안 뛰어난 실적을 유지할 수 있을지 판단할 수 있고, 시장이 그 기업의 주식에 대한 가치를 제대로 평가했는지 알 수 있다. 이것이 바로 가치투자이다.

워런 버핏, 찰리 멍거, 빌 게이츠 같은 뛰어난 사람들은 매년 읽는 독서량이 어마어마하다. 뛰어난 사람 중에 독서를 게을리하는 이는 없다. 멍거 집안의 어린아이는 멍거를 긴 다리가 달린 책이라고 부를 정도였다. 절대다수의 삶은 행복을 찾기 위해 노력하는 과정이다. 손에 든 별로 좋지 못한 패를 조금씩 좋은 패로 바꿔가는 과정인 것이다.

만약 강렬한 지식욕이 없다면 우리의 능력 범위는 안타까울 만큼 작아질 것입니다.

만약 당신에게 차가 한 대밖에 없고, 평생 그 차만 몰아야 한다면 아마 자주 엔진 오일을 갈아주고 조심해서 몰며 그 차를 귀하게 여기고 소중히 다룰 것이다. 우리는 누구나 머리 하나와 몸 하나를 가지고 있으니 머리와 몸을 잘 돌보며 생활해야 한다. 우리는 오랜 노력을 통해 머리를 갈고닦아 아는 것을 늘린다. 모두에게 가장 귀중한 재산은 자기 자신이니, 자신을 아끼고 끊임없이 갈고닦아 발전시켜야 한다.

— 워런 버핏

아주 단순한 방법이다. 경쟁해야 하는 시합에서 이기고 싶다면 노력해서 사고하고 근면 성실하게 연습해야 한다. 주변 세상은 계속 변하고 있고 경쟁 상대도 모두 학습하고 있는데, 투자자로서 계속 학습하지 않는다면 어떻게 되겠는가? 하루를 마칠 때 당신은 오늘 아침 시작할 때보다 더 똑똑해져 있어야 한다. 언제나 투자를 더 잘하기 위해 온몸과 마음을 쏟아붓는다면 실패할 리가 있겠는가. 근면 성실하게 노력한 사람 중에 실패하는 이는 적다. 진척 속도가 조금 느릴 뿐 언젠가는 반드시 빛을 본다.

— 찰리 멍거

5. 세상에서 가장 비싼 비용

　'기회비용'의 개념을 경제학이나 투자 영역에서 바라보자면 그것은 자원이 유한한 상황에서 물고기와 곰 발바닥 둘 다를 얻지 못한다는 것을 의미한다. 이 상품을 사면 다른 것을 살 수 없고, 이 주식을 사면 다른 주식을 살 자금이 없다는 것이다.

　기회비용은 세상에서 가장 비싼 비용이고, 가늠하기도 쉽지 않다. 특히 시간이라는 차원에서는 아주 현명한 선택도 나중에 보면 재난을 의미할 때가 있고, 그 반대일 때도 있다. 이성적인 사람은 많든 적든 기회비용의 농락을 겪어봤을 것이다.

　버핏은 기회를 분명히 봤는데도 엄지손가락을 빨며 재느라 기회를 흘려보냈다고 주주들에게 여러 차례 말한 바 있다. 멍거 역시 한 번의 어리석은 게으름 때문에 자신의 부를 몇 배는 더 불릴 수 있었던 석유 관련 주를 놓치고 말았다.

또 버핏이 자신만만하게 사들였던 주식이 나중에 엄청난 손실을 불러온 적도 한두 번이 아니었다.

그중에서 버핏이 항공회사에 투자했던 세 번의 사안은 음미해볼 가치가 있다. 버핏이 몇 차례 항공 기업의 저평가와 거액의 잉여현금흐름에 매력을 느껴 투자했는데 얼마 뒤에 항공 기업의 경영이 큰 적자를 보았다. 새로운 경쟁자가 가격전쟁을 벌여서가 아니라 노조가 파업하는 바람에 경영이 멈춘 것이다. 또 최근에는 코로나로 인한 블랙 스완의 출현으로 버핏의 투자는 다시 한 번 실패를 맛보고 결국 주식을 정리했다.

버핏은 800번 핫라인을 개설해서, 자신이 항공 기업에 투자하려고 할 때마다 그 충동을 막아줄 사람을 앉혀야 한다고 농담처럼 말했다.

버핏은 주식을 매수할 때 언제나 안전마진을 준수하기 때문에 이 사안들을 보면 버크셔 해서웨이는 큰 손해를 입은 것처럼 보이지 않는다. 하지만 그 기회비용은 놀랄 만큼 크니, 이런 아쉬움을 완전히 피할 수는 없을 것이다.

버핏이 최초로 범한 중대한 손실은 그에게 겨우 1만 달러가 있었을 때였다. 당시 그는 2,000달러를 투자해 오마하의 싱클레어 주유소를 매입했는데 그 결과는 실패였다. 버핏은 이 일을 회고할 때 60억 달러짜리 잘못이라고 말했다.

그리고 버핏이 가장 참담하게 투자 손실을 본 사례는 아이러니하게도 자신이 회장으로 있는 버크셔 해서웨이를 매입한 일이었다. 버핏은 이렇게 말했다.

"버크셔 해서웨이를 매입한 일은 2,000억 달러에 달하는 실수였습니다."

미국 직물산업의 중심지인 뉴 베드포드에 자리 잡은 섬유회사였던 버크셔 해서웨이는 당시 엄청난 판매고를 올리며 승승장구했다. 이를 본 버핏은 버크셔의 주식을 사들이기 시작해 3년 만에 경영권을 갖게 되었다. 그러나 이후 값싼 외국 업체의 제품이 들어오자 경쟁력을 잃으면서 버크셔는 손실을 봤다. 버핏은 몇 년이 넘는 오랜 시간과 계산할 수 없는 정력을 소모하고 나서야 상황이 갈수록 악화하는 방직 사업을 투자 기업으로 바꿀 수 있었다.

인간은 성현이 아니다. 대가들도 우리에게 자신들이 직접 겪은 실수와 잘못, 그리고 다른 이의 실수에서 배우라고 충고한다. 사람이 가진 재화는 유한하기 때문에 기회비용이라는 자원을 반복해서 가늠하고 비교해야만 한다. 재산 외에 시간, 정력과 생활의 체험 모두 기회비용이다.

내 생각에 다른 사람의 실수에서 배우는 것이 제일 좋은 것 같네.

인생에서 말하지 않아도 다 아는 원칙이 있다. 즉 모든 사람은 반드시 자신의 기회비용을 기반으로 해서 결정하고 일을 진행해야 한다는 것이다. 이는 현명한 사람이 결정하는 방식이다.

만약 당신이 투자자라면 제약은 다름 아닌 자금일 것이다. 이 주식에 투자한다면 동시에 다른 주식에 투자할 수 없다. 투기를 선택해서 단기 자극과 장기 손실의 길에 들어서는 순간 가치투자와 장기 이익을 진행하기가 무척 어려워진다. 수십 년 동안 이어지면 복

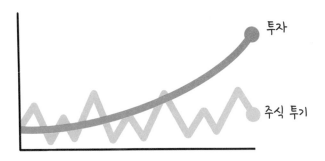

투자

주식 투기

리의 차이는 천양지차다.

당신이 현명한 배우자를 찾고 있다면 당신과 어울리는 다른 한 쪽도 역시 현명한 배우자를 찾고 있음을 알아야만 한다. 그러니 스스로를 업그레이드하려고 노력해서 상대를 만났을 때 진실한 자신을 보여주어야 한다. 실제와 거리가 있는 기대는 버리고 기회비용을 대등하게 만들어야 한다. 이렇게 해야 아름다운 혼인 생활이 오래갈 수 있다.

만약 아이들의 성장 과정을 놓치지 않고 시간과 마음을 들여 함께한다면, 당신이 집을 떠나 먼 길을 갈 때 후회할 필요가 없을 것이다. 하지만 당시 더 중요하다고 생각해서 한때 모든 시간을 투입한 일이 이제는 더 이상 중요하지 않게 보인다면 아쉬움과 후회를 피할 수 없을 것이다.

당신이 이성을 유지하기 위해 노력하며 순서에 따라 일을 하고, 눈앞의 일에 대해 평온을 유지하고 미래에 대한 희망이 가득하다면 당신은 절대 상황에 휩쓸리거나 후회하고 뉘우치는 일을 반복하지는 않을 것이다.

만약 자신의 무지함을 인정하고, 끊임없이 자신을 발전시키고, 지식을 얻는 즐거움을 알게 된다면, 당신은 결코 자신이 운이 없다고 한탄하거나 그로 인해 자신을 틀 안에 가두지도 않을 것이다.

투자의 기회비용을 고려할 때, 그 대상을 흡인력이 가장 높은 투자가 되게 하려면? 노력을 통해 자신의 능력 범위를 넓히고 한 번 또 한 번 계속 선택 항목을 비교한다면 기회비용이라는 난간은 점점 낮아지고, 잡을 수 있는 투자 기회의 흡인력은 점점 더 향상된다.

투자도 그렇고, 삶은 더욱더 그렇다. 인생의 가장 큰 제약은 거꾸로 가는 시간이다.

어떤 삶을 선택하든 자신의 선택에 어울리는 노력을 하는 것이 삶에서 가장 큰 기회비용이다.

사람들은 누구나 자신의 내면을 들여다봐야 한다. 아마도 우리의 생각이 온통 과거와 미래에 집중되어 있음을 발견할 것이다. 우리는 대부분 거의 현재를 생각하지 않는다. 현재를 떠올린다면 아마도 현재가 미래의 계획에 어떤 영향을 미칠지 통찰하기 위해서일 것이다. 현재는 영원히 종착 지점이 없고, 과거와 현재는 우리가 미래라는 종착 지점으로 가기 위한 수단인 것처럼 산다. 그래서 어떤 의미에서는 우리가 진정으로 사는 것이 아니라 그저 살기를 바라고 있을 뿐이다. 우리가 어떻게 하면 행복할까 하는 계획 속에서만 산다면 영원히 행복을 얻지 못할 것이다.

— 블라즈 파스칼(Blaise Pascal)

인생은 일련의 기회비용이다. 쉽게 찾을 수 있고 당신과 가장 잘 어울리는 사람과 결혼해야 한다. 투자 대상을 찾는 일도 이와 아주 비슷하다.

— 찰리 멍거

6. 초심이 인생의
마지막을 결정한다

부는 아름다운 생활을 실현하는 데 절대 없어서는 안 되는 윤활유로, 우리의 삶을 더욱 독립적으로 만들어준다. 근면 성실하게 일해서 부를 이뤄야 한다는 관념에 깊은 영향을 받는 중국인들조차 점차 노동 수입만으로는 풍족한 재정 상황을 만드는 것이 정말 어려운 일임을 깨달았다. 이제 다들 주식계좌를 만들어 투자 수익으로 생활의 질을 높이기를 간절히 기다리고 있다.

가치투자의 핵심 원리는 자기 수입 중 여유 자금으로 좋은 기업의 주식을 사서, 그 기업의 경영을 지지하여 성장하고 발전해서 얻는 '이익'이라는 과실을 함께 나누는 것이다.

중국 주식 시장에는 지난 30년 동안 우수한 기업이 적지 않게 나타났다. 그들 기업의 주식을 장기적으로 갖고 있던 주주들에게 상당한 투자 수익을 돌려주었다. 그중에서는 100배 심지어 1,000배의 이익을 얻은 이들도 있다.

뛰어난 기업에 장기적으로 투자한 투자자를 살펴보면 풍성하게 수확했다. 좋은 주식을 선택할 능력과 정력이 없어도 상하이선전 300지수*에 투자하기만 했어도 10% 이상의 연수익률을 거두었고, 통화팽창도 가볍게 넘어갔음을 역사가 보여주었다.

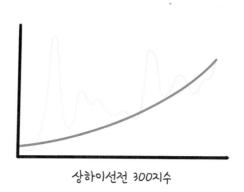

상하이선전 300지수

가치투자의 원리는 이렇게 간결하고, 논리적으로도 흠잡을 데가 없다! 만약 투자를 평생 사랑할 일이나 취미로 보거나 세계를 통찰

---

*   상하이선전 300지수: 상하이 및 선전증권거래소가 처음으로 연합 발표한 A주식 시장의 전반적인 추세를 반영한 지수이다. 상하이 및 선전시장의 60% 정도의 시가총액을 포함하여 중국 주식 시장의 대표성을 띠고 있다. 2004년 12월 31일에 300개의 주식을 선정했는데 처음에는 상하이 179개, 선전 121개였다. 이들 기업을 종합한 지수로 전체 시장의 추세를 반영한다.

하기 위한 창구나 보편적인 지혜의 한 부분으로 보고, 부를 이 과정의 부산물로 여긴다면 정말 엄청난 도움이 될 것이다. 가치투자를 선택하는 행동의 본질은 그 행동에 대응하는 생활방식을 선택하는 것이기 때문이다.

가치투자는 주식을 기업의 일부라고 보기 때문에 가치투자자는 시간을 주로 흥미가 있는 기업을 연구하는 데 써야 한다. 또 그 기업에 관해 좀 더 심도 있게 생각하고, 업계를 분석하고, 기업의 비즈니스 방식을 연구해서 발전 가능성을 판단해야 한다. 더불어 사회 추세도 연구해서 기업이 앞으로 마주해야 할 경쟁 국면도 이해해야 한다.

투자자는 또한 사람과 조직에 주목해야 한다. 경영진이 뛰어난지 소비자의 입장에서 직원과 관리자, 기업가, 경쟁자, 투자자와 정부 등 각종 다른 역할의 입장에 대해 사고해야 한다.

투자자는 시장의 규칙도 연구해 역사적으로 나타난 인간의 탐욕과 공포를 살펴봐야 한다. 인성과 시장의 약점을 극복하고 나면 빈번하게 거래하느라 정신없이 바쁜 사람들 손에서 사물의 본질을 열심히 사고하는 이들에게로 부가 끊임없이 흘러 들어간다.

비즈니스 관련 지식 외에 경제, 금융, 관리, 역사, 철학, 물리, 화학, 심리, 정치, 사회학 등 여러 분야의 지식을 두루 학습해야 멍거가 투자를 위한 도구로서 말한 '격자틀 정신 모델(Latticework of mental models)'을 만들 수 있다. 가치투자자는 보지 않는 것이 없고, 생각하지 않는 것이 없다고 할 수 있다.

모든 훌륭한 가치투자자는 평생 배우는 습관이 있다. 지식을 끊임없이 넓히고 사람과 상황을 보는 능력을 끌어올린다. 가치투자는 물질 자본을 적립해가는 과정이지만 투자자의 지식과 지혜를 쌓아

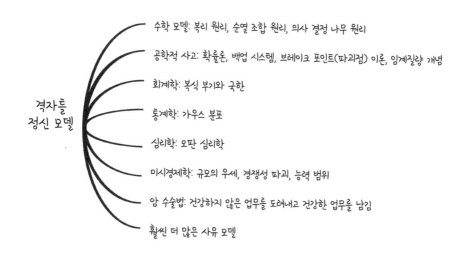

격자틀
정신 모델

수학 모델: 복리 원리, 순열 조합 원리, 의사 결정 나무 원리

공학적 사고: 확률론, 백업 시스템, 브레이크 포인트(파괴점) 이론, 임계질량 개념

회계학: 복식 부기와 국한

통계학: 가우스 분포

심리학: 오판 심리학

미시경제학: 규모의 우세, 경쟁성 파괴, 능력 범위

암 수술법: 건강하지 않은 업무를 도려내고 건강한 업무를 남김

훨씬 더 많은 사유 모델

가고, 인적 자본을 쌓아가는 과정이기도 하다. 물질 자본과 인적 자본, 두 가지의 복리 효과는 나중에 놀라운 힘을 발휘한다.

투자는 퇴직이 필요 없는 직업이다. 투자자의 기업에 관한 연구와 투자에 대한 사고는 지식의 적립과 한계비용 절감 효과가 있다.

살면서 만났던 사람, 걸었던 길, 가보았던 나라, 경험했던 일, 생각했던 문제, 읽었던 책, 연구했던 기업, 교류했던 친구들, 극단의 변동을 보였던 시장 경험……, 이 모든 것들이 우리의 투자, 비즈니스, 사람에 대한 사고와 능력 범위를 끊임없이 넓혀준다.

버핏은 5분이면 한 기업의 매수에 대한 기본적인 판단을 내린다. 그는 대부분 기업에 대해 이미 수십 년 동안 관찰해왔기 때문이다. 지식의 이런 누적 효과는 놀랍다. 복리는 돈을 버는 데만 있는 것이 아니라 지식에서도 유효하게 작용하고 발휘된다.

가치투자자는 복리의 중요 작용을 깊이 알고 있다. 그들은 생활 규칙을 엄격하게 지키고 좋은 생활 습관이 있다. 그들은 마음을 평화롭게 하고 희로애락에도 크게 놀라지 않는다. 담담하게 잘 먹고 잘 자고 잘 걷는 습관은 심신 건강에도 아주 좋다. 그래서 투자 대가들 대부분은 건강하게 장수한다. 버핏과 멍거는 90이 넘었는데도 여전히 열정적으로 일하고 있다. 가치투자자는 웅대한 품성과 넓은 생각, 멀고 깊은 시야, 조용하고 안정된 생활방식을 만들고 세상과 경쟁하지 않겠다는 태도, 평정된 마음을 갖고 있다. 이런 것들은 건강한 장수에 아주 중요한 요인이다.

만약 대다수 투자자처럼 단기투자, 변동, 추세, 레버리지, 정보, 음모에 빠져 마음이 시장의 변동에 따라 요동을 치고, 늘 빨리 돈을 벌고 싶다는 스트레스 속에서 살아간다면 건강과 수명에 문제가 일어날 수밖에 없다.

우리에게는 정확한 금전 관념이 필요하다. 그래야 건강하게 부를 얻고 이용할 수 있다. 99% 이상의 투자자가 돈을 잃는 가장 주요한 원인은 얼른 돈을 벌어야겠다는 조급함이다. 누구도 천천히 부자가 되고 싶어 하지 않고, 누구도 '무엇이 투자인가?'라는 문제를 먼저 이해하고 시작하려 하지 않는다.

가치투자를 따라가며 부를 쌓고 복리를 인식하는 삶과 인생의 체험은 투기나 주식 놀음과는 거리가 멀다. 투자 방식은 투자자가 걸어갈 두 가지 완전히 다른 인생을 결정한다. 초심이 마지막을 결정한다는 말은 절대 과장이 아니다.

가치투자자가 만약 젊었을 때 투자와 투기의 본질적 차이를 알고 의연하게 바른길을 걸어간다면, 그들은 훨씬 더 일찍부터 부가 눈덩이처럼 불어나는 여행을 시작할 수 있다. 훨씬 더 일찍 시간을 자유롭게 지배할 수 있고, 훨씬 더 일찍 생활의 질을 높일 수 있다.

더 중요하게는 그들과 젊은 시절 동료와의 차이는 퇴직 후부터는 그 차이가 점점 더 벌어질 것이다. 한쪽은 직업 생애를 마치지만 다른 한쪽은 전면적인 현금화를 알게 되고 부가 폭발하는 임계점을 향해 속도를 높여 달려간다. 앞으로 수십 년 인생의 질을 결정하는 두 가지 생활방식, 그 차이는 사실 수십 년 전에 이미 결정된 것이다.

멍거는 지혜로 성공한 사람이다. 이는 중국의 지식인에게는 사기를 북돋워주는 사례이다. 우리 사회에서 보아온 금권 거래, 숨겨진 법칙, 사기와 속임수 같은 수단과는 다르다. 그는 가장 깨끗한 방법으로 엄청난 성공을 거두었다.

—리루(李录)

만약 삶에서 유일한 성공이 주식 매매로 이룬 부라면, 그 인생은 실패한 것이다. 성공한 투자는 우리가 조심스레 계획하고 일에 집중하는 삶의 방식에서 얻는 부산물에 불과하다.

— 찰리 멍거

7.항상 이성적 투자를 추구하라

이성(理性)적으로 행동하기 어려운 이유는 첫째, 사람은 천성적으로 무지하여 계속 그 무지함을 없애려 노력해야 하기 때문이다. 둘째로 자신이 무지함을 알면서도 심리적 오판에 얽매인 모습을 마주하기 싫어서 아무리 깨워도 자는 척하는 사람이 되기 때문이다.

투자 과정에서 질투로 인한 손실이 가장 심각하다. 멍거는 이 질투를 어리석은 죄라고 했고, 일곱 가지 죄악 중에서 유일하게 해만 있을 뿐 유익한 것은 단 하나도 없다고 했다. 질투는 사람을 환상만 바라보게 만들어 비이성적인 의사 결정을 하게 만들고 극심한 고통에 빠트리며 후회만 하게 한다.

탐식 나태 탐욕 욕정 분노 질투 교만

멍거가 주주들에게 다음과 같은 사고 실험 문제 하나를 냈다.

"만약 지금 당신들 중 한 명이 아주 좋은 투자 항목을 알고 있다고 가정해봅시다. 이 투자 항목은 앞으로 12%의 연 복리가 발생할 것을 충분히 예견할 수 있고, 이렇게 투자하는 것이 올바르다는 사실도 증명했습니다."

지금 당신은 당장 이런 기회에 투자할 수 있다. 다만 일단 출자하고 나면 기회비용의 원리에 따라 당신은 앞으로 어쩌면 수익률이 더 높은 기회가 있다 해도 놓치게 된다. 그렇다면 많은 투자자는 이 기회를 더는 좋아하지 않을 것이다. 만약 더 높은 수익률의 기회가 나타나기만 하면 그들은 자신이 분명 후회할 것을 알기 때문이다.

하지만 또 이렇게 생각하는 이들도 있을 것이다.

'내가 왜 다른 사람들 투자 수익률이 나보다 높은 것에 신경 써야 하지?'

물론이다. 나보다 더 높은 투자 이익을 얻는 이들은 언제나 있을 것이고, 나보다 더 빨리 뛰는 사람도 있다. 어떤 분야든 나보다 뛰어난 이들은 반드시 언제나 존재한다.

그 때문에 인성이란 관점에서 보면 마음이 가는 투자 대상을 찾아서 순조롭게 투자한 다음에도 질투하고, 다른 사람들이 자신보다 빨리 돈을 번다고 신경 쓰는 것은 정말 어리석은 생각이라 할 수 있다.

이성은 가장 먼저 '모르면 투자하지 않는다'는 원칙으로 체현되어야 한다. 이 도리는 의미 없는 헛소리가 아니다. 하지만 현실을 직시하는 일은 이처럼 쉽지 않다.

투자자는 설사 원치 않더라도 기업의 실제 상황을 직시해야 한다. 특히 그렇게 하고 싶지 않을 때일수록 더욱 그렇게 해야 한다. 현실을 계속 똑바로 보고, 잘못된 일을 하지 않는 것은 매우 어렵다. 종종 잘못된 일이 단기 이익을 준다고 유혹하기 때문이다.

자, 돤융핑의 다음 투자 잠언을 한번 되새겨보자!

"투자에서 잘하는 일이란 사실은 잘못된 일을 하지 않는 것입니다. 그래서 모든 투자자는 자신만의 'Stop Doing List'를 적립해나가야 합니다. 일단 정확하지 않은 일을 발견하면 바로 멈춰야 합니다. 얼마나 큰 대가를 치르든 장기적으로 보면 그것이 가장 작은 대가가 되니까요. 이는 그 일이 당신에게 얼마나 중요한지와 당신이 그동안 얼마나 노력을 기울였는지와는 무관합니다. 또한 더 좋은 일을 찾아낼 수 있는지와도 무관한 일입니다."

만약 잘못된 일을 하지 않고 동시에 일을 제대로 처리할 수 있다

내가 이렇게 대단한 성공을 거둔 핵심은 바로 내가 아니라고 생각하는 일은 하지 않았기 때문입니다.

면 10년, 20년 후에는 엄청난 차이를 보일 것이다. 대단함은 한 번에 나오는 것이 아니라 쌓이고 모여서 나온다. 세상에 지름길은 없다. 지름길은 보통은 막다른 곳으로 향한다. 욕망이 사람을 승산 없는 게임으로 몰아가기 때문이다. 카드 게임을 하는 것처럼 비이성적인 일이다. 세 판을 돈 뒤에도 여전히 누가 호구인지 모른다면 당신이 바로 패배자다.

빠른 속도로 돌아가는 이 세상에서 버핏은 의식적으로 속도와 박자를 늦추었다. 그는 말했다.

"세월의 가장 좋은 점은 그 길고 긴 길이에 있다."

버핏과 버크셔 해서웨이는 바로 이렇게 게을러 보이는 태도로 거대한 부를 이루었다.

투기자는 인내심이 없지만, 버핏은 인내심으로 살았다. 단순히 뛰어난 머리로는 투자에 성공할 수 없다. 대뇌의 용량과 비교했을 때, 정서에서 분리되어 나온 이성적 능력이 훨씬 더 중요하다.

다른 사람들이 단기투자의 탐욕과 공포로 인한 의사 결정을 할 때 이성은 어느 때보다 중요하다. 이성이 부족하면 투자자는 단순하고 얕은 판단밖에 할 수 없고 그로 인해 공포와 탐욕의 노예가 된다.

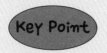

자신의 관점을 뒤집는 것은 인성에 어긋나는 일이다. 하지만 투자 과정에서 새로운 증거가 나왔을 때 우리는 즉시 냉정하게 전체 투자 결정의 확률과 배당률을 조정하고, 이성적으로 대응해야 한다.

잘못을 발견했으면 바로 고쳐야 합니다. 잘못이 아무리 크다 해도 그때가 가장 대가가 작으니까요.

자율적으로 응용할 수 있는 기본 원리는 최고의 가치다. 기본 수학, 기본 상식, 기본 공포, 인류 본성에 대한 기본 진단은 인류의 행위를 예측할 수 있게 만들어준다. 만약 우리가 자율적으로 이런 진리들을 준수한다면 만족할 만한 수익이 돌아올 것이다.

이성을 지킨다는 것이 더 많은 돈을 벌기 위한 일은 아니다. 또한 지킨다, 못 지킨다로 결정할 수 있는 일도 아니다. 굳이 말하자면 이성은 구속력이 있는 원칙이다. 계속 이행해나가야만 하는 일종의 도덕적 의무인 것이다. 이성적 투자는 분명히 좋은 이념이다. 개인적으로 이미 관례처럼 굳어진 아무 의미 없는 일들을 반드시 피해야 하는데, 그러기 위해서는 교육 시스템이 필요하고, 시간이 지날수록 성공률을 높일 수 있다.

− 찰리 멍거

깊은 흥미를 갖고 지금 일어나는 일의 배후에 있는 원인을 알아내야만 한다. 만약 이런 마음가짐을 오랫동안 유지할 수 있다면, 현실에 집중하고 파악하는 능력을 점점 향상시킬 수 있다. 만약 이런 마음가짐이 없다면 당신의 머리가 아무리 좋아도 결국은 실패할 것이다.

− 찰리 멍거

평범한 사람은 평상심을 유지하기 어렵다. 그래서 평상심은 평범하지 않은 마음이다. 마찬가지로 상식 역시 일상적이지 않은 지식이다.

− 마윈

에필로그

가치투자를 만난 후 인생이 달라졌습니다

가족과 친구들이여, 내가 드디어 퇴직할 나이가 되었습니다. 정말 기쁩니다. 그 이유는 다음 세 가지입니다.

첫째, 정말 운 좋게도 예순 살까지 일하며 살았습니다. 운도 필요하고 노력도 필요한 일이지요.

둘째, 큰 근심 걱정 없이 즐겁게 살았습니다. 어느 날 하늘이 데려간다면 아쉽기는 하겠지만 이번 생에 아무런 후회는 없습니다. 인생과 부의 본질에 대해 스스로 깨달았기 때문이지요.

셋째, 하고 싶었던 일은 거의 다 해봤습니다. 이타적인 일, 이기적인 일, 투자와 가정, 아이에 관한 일들 모두 다 했습니다.

이 세 가지에 대해 나 스스로 아주 대단하다고 생각합니다. 나의 이야기는 젊은이들에게 어떻게 노력할 것인가에 관한 부분을 말합니다.

스물한 살의 나는 나중에 독립하려면 돈이 필요하다는 것을 알았습니다. 부모님은 작은 장사를 하며 평생 절약하고 살아오셨기에 어렸을 때부터 돈을 버는 것이 쉽지 않음을 알고 있었습니다. 운 좋게도 그때 버핏과 멍거의 책을 읽으면서 인생에는 덧셈 말고 곱셈도 있음을 알게 되었습니다. 그들은 내 평생의 스승이 되었습니다.

그때 나의 목표는 이것이었습니다.

'앞으로 돈을 많이 벌 것이다. 많을수록 좋다!'

아주 일찍부터 투자를 시작했습니다. 가능하면 최초의 종잣돈을 많이 가지고 있는 것이 중요하다고 생각했지요. 그래서 스물여섯에 부모님을 설득해서, 아니 사실은 압박해서 남는 부동산을 팔아 1억 8,000만 원을 모아 시작했습니다. 하룻강아지가 범 무서운 줄 모르고 말이지요.

나의 운은 나쁘지 않았습니다. 당시 A주와 홍콩 주식은 상승장과 하락장이 분명해서 기회가 적지 않았습니다. 서른넷이 되었을 때 차와 집을 사서 기본적으로 경제적 자유를 확보했습니다. 그때 아들은 아홉 살이었고, 주식 투자를 시작한 지 13년이 된 해였습니다.

서른둘에 직장에서 나와 자유를 얻었고, 이어서 아내도 직장을 그만두었습니다. 당시는 배경과 권력이 없어도 뭐라도 할 수 있는 시대라 믿었기 때문이지요. 중요한 것은 자신이 돈을 벌 수 있다는 믿음입니다.

지금 나이가 되자 나의 생각도 변했습니다. 인생에서 돈이 결코 최종 목적은 아닌 것 같습니다. 여전히 더 많은 돈을 원하지만 이 과정에서 부유함이 내게 주는 안전감과 선택권이 훨씬 더 중요하다고 느끼게 되었습니다.

재산의 본질은 윤활유처럼 삶을 안전하게 돌아가게 하는 것입니다. 그리고 삶의 본질은 목적보다는 그 과정에 있습니다. 근본을 버리고 부수적인 것들을 추구하다 삶을 잃어서는 안 됩니다. 삶의 체험은 다양하고 흥미롭습니다. 가정의 화목, 아이의 성장을 함께하고 몸이 건강하고 마음이 편하고, 세계와 본질에 대한 인식을 끊임없이 높이고……. 이런 것들은 모두 똑같이, 아니 훨씬 더 중요합니다.

어쩌면 묻고 싶겠지요. 이런 허세 같은, 감정적인 것들이 더 중요하다고? 맞습니다. 출발할 때는 내가 이렇게 변하리라 생각하지 않았습니다. 지금 보니 사람은 변한다는 말이 무엇보다 분명합니다. 그때 나이의 개념을 바꾸자, 앞으로 다가올 두 번의 13년에 대한 안배와 계획도 변했습니다.

우선 돈에 관해 이야기해보지요.

대략 15%의 복리라면 아들이 학업을 마쳤을 때 딱 100배가 됩니다. 오늘 퇴직해도 별걱정 없을 만큼 어느 정도 작은 부를 이루었지요. 시작점을 생각해보면 스스로 기특하다고 잘했다고 어깨를 토닥여주고 싶습니다.

당시에는 아주 현실적인 문제를 생각했습니다.

복리는 어떻게 실현할 수 있을까? 수십 년의 복리 15%를 이룰 기업을 찾을 수 있을까?

불가능하거나 없거나 아니면 나중에야 알 수 있겠지요. 하지만 노력해야 합니다. 통찰력을 키우고 좋은 기업가를 찾고 좋은 비즈니스 방식과 좋은 기업문화를 찾고, 더 오래 건강하게 성장할 수 있는 위대한 기업을 찾아야 합니다. 그리고 찾았다면 몸에 딱 붙이고 꽁꽁 묶어두어야 합니다.

현실도 내게 그렇게 하라 요구하고 있습니다. 경쟁은 나날이 치열해지므로 시야가 경제 주기를 넘어서야 겨우 위험을 최소화할 수 있습니다. 위대한 기업을 놓치는 것도 복리가 단절되는 원인입니다.

이는 아주 중요합니다. 제대로 된 기업에 투자하지 못하면 반대 방향으로 질주하는 것과 같습니다. 노력할수록 점점 더 가난해지지요. 딴 마음을 품게 하는 기회비용도 아주 높아집니다. 특히 몇 년 안에 빨리 부자가 되고 싶은 욕심에 자신이 잘 모르는 평범한 기업에 투자를, 그것도 대출을 잔뜩 당겨서 하게 되면 그 시간 동안에 복리, 정력, 경험, 인지 등이 받는 위험은 훨씬 더 큽니다. 그렇게 할 필요가 없습니다. 버핏은 50세에 지금 가진 부의 겨우 1%를 벌었을 뿐입니다. 그런데 뭐가 그리 조급합니까? 다급해서 1%도 전부 잃는다면 그건 얼마나 큰 비극입니까?

투자는 비즈니스 분석을 잘한 다음 주주 신분으로 경영에 참여해 이익을 나누는 일입니다. 장기적 발전에 가장 유리한 항목을 가늠하고, 매수와 매도할 때는 작은 이익에 연연하지 말고 엄격하게 진행해야 합니다. 전체적으로 조급하지 않게 계속 걸어간다면 최종 승률은 낮지 않을 것입니다. 수익으로 얻은 15%의 복리 중에서 12%는 사회 평균 성장 속도보다 2배는 빠른 좋은 기업이 가져다준 것이므로 쥐고 있어야 합니다. 큰돈은 쥐고 있어야 벌 수 있습니다. 이익은 좇고 해는 피하는 것이 결단력 있는 것처럼 보이지만 겨우 3%의 수익에 불과하고 그나마도 우연히 얻게 되는 것이지요. 결국은 그런 행동이 적을수록 이익이 좋고 삶의 체험도 풍성해집니다.

원래 투자는 아주 개인적인 일이었는데 이렇게까지 오게 되었습니다. 그리고 스텐 형을 만나게 되었지요. 처음으로 제대로 깨닫게 되었습니다. 주식 시장에서 손해를 보고 돈을 잃은 이들이 이렇게나 많다는 것을요. 전에는 머리 박고 투자에만 몰두하느라 진지하게 생각해보지 않았습니다. 그래서 이번에는 이타심이 발동했고, 본능과 영웅심까지 더해져 제 지식을 널리 알리게 되었습니다. 어디서부터 접근할까요? 가치투자의 각도가 가장 좋겠습니다. 사실

나는 그것밖에 할 줄 모릅니다. 한다고 했으면 해야지요. 솔직히 서른넷에 180억 원의 자산을 관리하고, 나중에 이렇게까지 하게 될 줄은 정말 생각도 못 했습니다. 이 모든 것이 스텐 형의 열정에 기대어 안전하게 운영하고 투자한 덕분입니다. 친구들에게 인정을 받은 것도 놀라운 일이었습니다.

성취감이 있었냐고요? 글쎄요. 하지만 많은 사람이 돈을 잃지 않고 좋은 기업의 성장 복리를 나누게 함으로써 친구들의 생활과 금전적인 걱정을 덜게 한 일은 큰 기쁨이었습니다. 사업이란 것이 바로 이런 것이겠지요.

삶의 체험을 말한다면 처음 13년은 불합격입니다. 온통 투자에만 몰입하고 눈덩이를 만들 생각만 했지요. 나중에는 바뀌었습니다. 투자가 취미로 바뀌었고, 퇴직할 때까지 하고 싶은 게임으로 진지하게 놀았습니다. 하지만 정말로 숫자 게임이 되자 생활하면서 절박하게 해결하고 싶은 것이 없어졌습니다.

돈이 전부가 아닙니다. 인생은 한 방향입니다. 한 번 가면 다시 오지 않습니다. 결과가 안정되고 그 과정도 안정적인 것이 더 많은 숫자의 결과보다 훨씬 더 중요합니다. 아주 많은 시간과 정력을 들여 삶과 세계와 독서의 아름다움을 경험하고 감사하는 일이 당시의 나이에는 별거 아닌 것 같아도 나중에는 모든 일이 아주 순조롭게 도와줍니다.

마지막으로는 건강에 대해 말하고 싶습니다. 장수는 하늘에서 내리지만 요절은 사람이 만든다 했습니다. 그러니 다치지 않도록 노력해야 합니다. 마음을 평화롭게 하고 스트레스를 주지 말고, 먹고 움직이는 일을 원시인처럼 따라 해야 합니다. 그리고 핵심은 어리석은 일을 하지 않는 것입니다. 과속을 즐기거나 해발고도가 높은 곳에 모험하러 간다거나 충동적으로 화를 내고 또 그럴 때 중요한 결정을 하거나 술을 마시고 욕망이 이끄는 대로 살거나 무지와 충동 때문에 블랙 스완의 위협 범위 안으로 들어가거나 하는 일을 피해야 합니다. 사람은 성현이 아니지만 이성을 추구하고 자아를 제어해야 치명적인 잘못을 범하는 일을 피할 수 있습니다.

나는 예순이 되었습니다. 이제 퇴직해서 쉴 수 있습니다. 스무 살이 넘었을 때 한 선택이 지금 여전히 우세하고 소모되지 않고 앞으로 더욱 커질 것입니다. 같은 나이에 퇴직한 친구들에게 인사를 고합니다. 나는 이제 지금까지의 인생 1%의 부를 가지고 계속 길에 올라 더 아름다운 미래를 창조하려 합니다. 퇴직하고도 쉬지 않을 수 있고, 계속 복리의 즐거움을 누리게 된 것은 그 시절 여름날 도서관에서 읽은 신문 기사 덕분입니다. 그 신문 기사는 내게 새 주식을 사면 큰돈을 벌 수 있을 것이라 말해주었습니다.

2만 원을 들여 계좌를 연 다음에야 나는 그 새 주식은 사고 싶다고 살 수 있는 것이 아님을 알았습니다. 추첨해야 했는데 결국 얻지 못했지요. 그렇게 실수에 실수를 거듭하다 버핏과 멍거의 '가치투자'의 문을 만나게 되었습니다. 계속 앞으로 걸어가며 마음의 소리를 듣고, 더 많은 시간을 개방적이고 이성적이고 의식적으로 내 생각을 용감하게 뒤집어보며 끊임없이 진화했습니다.

인생의 즐거움이 바로 거기에 있습니다.

2046년 12월

25년 뒤를 생각하며 망수

주식 초보자도 수익을 내는

워런 버핏 투자법

초판 1쇄 인쇄 2022년 2월 7일
초판 1쇄 발행 2022년 2월 18일

지은이 망수 · 관평
옮긴이 박지민
펴낸이 이범상
펴낸곳 (주)비전비엔피 · 비전코리아

기획 편집 이경원 차재호 김승희 김연희 고연경 박성아 최유진 황서연 김태은 박승연
디자인 최원영 이상재 한우리
마케팅 이성호 최은석 전상미 백지혜
전자책 김성화 김희정 이병준
관리 이다정

주소 우) 04034 서울특별시 마포구 잔다리로7길 12 (서교동)
전화 02) 338-2411 | **팩스** 02) 338-2413
홈페이지 www.visionbp.co.kr
인스타그램 www.instagram.com/visioncorea
포스트 post.naver.com/visioncorea
이메일 visioncorea@naver.com
원고투고 editor@visionbp.co.kr

등록번호 제313-2005-224호

ISBN 978-89-6322-185-4 13320

도서에 대한 소식과 콘텐츠를
받아보고 싶으신가요?